KB206139

이는 모든 씨보다

작은 것이로되 자란 후에는 풀보다 커서 나무가 되매

공중의 새들이 와서 그 가지에 깃들이느니라

마13:32

인사말 ....

"또 이르시되 내가 하나님의 나라를 무엇으로 비교할까
마치 여자가 가루 서 말 속에 갖다 넣어 전부 부풀게 한 누룩과 같으니라 하셨더라"
눅13:20~21

헴시바총신여동문 출판사에서 신학총서 1, 2권에 이어 어느새 세 번째 책을 출간하게 되었습니다. 이번에 새롭게 선보이게 된 책은 총신신대원을 졸업한 여성사역자들의 사역스토리를 담았습니다.

네 명의 주의 용사들의 이야기는 지역과 대상은 확연히 다르지만 복음의 불모지에서 '희망을 노래하는 개척자들' 이라는 점에서 매우 닮아 있습니다. 저자들은 거부할 수 없는 부르심에 용사처럼 분연히 일어나서 아무도 가지 않은 외롭고 외진 곳에 새로운 길을 내고 새들이 깃들어 노래하는 나무가 되었습니다. 눈에 보이는 것 없고 손에 잡히는 것 없는 매 순간순간을 인내하고 기도했을 이 분들의 삶에 고개가 숙여집니다. 저자들의 삶 자체가 생명을 담은 복음이요, 결실입니다.

이 책이 나오기까지 시간과 재능과 물질을 아낌없이 쏟아 부은 헴시바총신여동문 출판부에 존경과 감사를 보냅니다. 서로에게 든든한 동역자요 지원군인 '총신신대원여동문회' 회원들의 끊임 없는 기도와 응원이 말할 수 없는 힘이 되었 기에 또한 감사를 드립니다.

아무쪼록 이 책이 열정과 헌신이 식어가는 한국교회가 신앙을 다시 회복하고 한층 더 성숙하게 되는 신령한 자양분이 되기를 소원합니다.

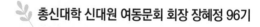
총신대학 신대원 여동문회 회장 장혜정 96기

추천의 글 ....

　총신대신학대학원 여동문회에서 "희망을 노래하는 개척의 여인들"이라는 책을 출간하게 된 것을 기쁘게 축하합니다. 복음을 접하지 못했든지 혹은 신앙이 메말라 영적으로 회색지대가 돼버린 암담한 상황에서 예수 그리스도의 십자가의 복음을 심어 생명의 희망을 노래하기 위하여 개척의 길로 뛰어든 여성전사들의 이야기를 설레는 마음으로 기대합니다.

가끔 남성과 여성을 주제로 하는 격렬한 토론마당의 열기가 뜨거울 때면 실소를 금할 수 없습니다. 남성 아니면 여성, 더 우월하다고 열변을 토하는 모습들이 원천적으로 우습지 않나요? 하나님께서 창조하신 원래 의도대로 각각의 자리에서 각자의 임무를 수행하며 하나님을 찬양하고 경배하는 협의구성원으로 살아가면 좋을 텐데 말입니다. 그보다 심각한 것은 기독교세계를 침범하는 비성경적인 사조들, 즉 동성애나 사이비이단들이나 네오마르크시즘이나 덩샤오핑 사상이나 유신론, 진화론 등의 불온 불순한 세력에 성경적 가치로 단호히 맞서는 신앙의 결집이 필요한 시대입니다.

이런 시대적 상황에서 여전도사님들의 책을 통해 알려지는 개척의 소식은 갈급한 영혼에게 한 모금 시원한 물줄기가 될 것을 기대합니다. 그리고 현실에 안주하거나 세상에서 육신의 정욕과 안목의 정욕과 이생의 자랑에 취하여 머리 잘린 삼손처럼 무기력하게 목적을 잃고 방황하는 사명자들에게 참회록을 읽고 통곡하는 기회로 삼기를 바랍니다.

총신대신학대학원 출신 전도사님들이 분주하고 고달픈 복음전선에서의 피눈물 나는 노고를 글로 담아 책으로 낸 귀하고 자랑스러운 이 일을 다시 한 번 치하와 함께 격려와 축하를 드립니다.

 총신71회, 대한예수교장로회 제102회 총회장, 익산동산교회 전계헌 목사

이 책은 네 분의 여성 목회자가 오직 하나님 한 분만 바라보며, 성령의 이끄심에 따라 복음의 기념비를 쓰고 있는 '4인 4색 행전'이다.

첫 번째 저자는 복음화 율이 1%도 채 되지 않는 영적 불모지에서 17년 째 보화를 캐고 있는 눈물의 개척 스토리로 읽는 이로 하여금 눈물의 샘을 열게 한다. '한 송이의 국화꽃을 피우기 위해 밤낮으로 울고 있는 소쩍새처럼' 한 영혼 구원을 위해 밤낮으로 눈물이 마르지 않고 흐르는 눈물이 기도를 감사의 조건으로 고백하고 있다.

두 번째 저자, 이순옥 목사는 탈북과정에서 살아계신 하나님을 만나, 복음으로 통일 대한민국의 문을 열기위해 하나님께서 파송한 '통일선교사'이다. 하나님께서 통일의 마중물로 보내준 3만 2천 여 명의 새터민 선교를 통해 북한교회 재건과 복음으로 통일을 이루는 미래 '통일대한민국'의 비전을 제시하고 있다.

세 번째 저자, 김영애 선교사는 대한민국으로 이주해 온 다문화 가족과 이주노동자의 선교를 위해 오랫동안 헌신해 오신 '이주민 선교사' 대모이시다. 이주민 선교 현장에서 직접 체험한 글들은 많은 감동과 큰 울림으로 다가온다.

마지막 저자, 최효심 선교사는 '선교사들의 무덤'으로 불리는 스페인에 교회를 개척하여, 선교현장에서 일어나고 있는 '21세기 사도행전'적 사역에 대해 자세하게 기술하고 있다. 마치 한국교회의 모형을 수출한 느낌을 주면서도, 선교의 새로운 패러다임을 제시하는 선교에 새바람을 일으키고 있다. 130년 전 선교사들에 의해 '복음으로 세워진 대한민국'이 이제 최효심 선교사를 포함한 2만 8천 여 명의 선교 사를 파송하여, '복음의 빛'을 갚기 위해 지구촌 곳곳에서 선교사로 활동하고 있다.

이 책의 원고를 눈 한번 떼지 않고, 밤을 지새우며 읽는 동안 나자신이 참으로 행복하고 영적으로 충전의 시간을 가질 수 있었다.

이 책을 통해 복음의 열정과 헌신이 식어가고 있는 한국교회를 회복할 수 있는 영적 비타민이 되길 소망하면서, 한국교회 목회자와 천만 성도에게 일독을 권면한다.

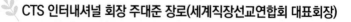

CTS 인터내셔널 회장 주대준 장로(세계직장선교연합회 대표회장)

현대를 살아가는 우리들에게 4차 산업혁명 시대는 창의적이고, 융합적인 사고와 삶을 요구하고 있다. 총신을 향한 거룩한 하나님의 부르심 앞에 환경과 여건을 넘어 헌신된 여성 사역자들은 놀랍게도 각자의 전문 영역에서 능동적이고 창의적인 능력을 발휘하고 있다. 이 책을 통해서 앞서 사역하는 여성 사역자들의 모습은 하나님 앞에서 헌신된 사람들의 모습이 무엇인지 잘 보여주고 있다. 그리고 이런 사역을 동일하게 감당하고 있는 더 많은 여성 사역자들의 역할이 하나님의 나라를 위해 더욱 당당하게 펼쳐지기를 바란다. 무엇보다 이 책을 통해서 하나님께서 한국교회를 향하여 역사하시는 모습을 함께 발견하고, 더 큰 영광을 하나님께 돌리는 기회가 되기를 기쁜 마음으로 기대한다.

총신대학교 총장 이재서

여성 사역자, 그들은 온전히 주님을 바라보며 한국교회의 발전을 위해 밀알이 되었다. 오늘의 한국교회가 있기까지 여성 사역자들이 바친 소리 없는 눈물과 희생과 고결한 헌신에 머리숙여 감사한다. 온 열정을 쏟아 교회를 섬기고, 성도들을 섬기는 그들의 사역을 이제 교회와 세상에 알릴 수 있게 된 것을 축하드린다. 현대는 다양화, 전문화 시대다. 하나님이 주신 은사와 재능으로 전문 영역에서 능력을 발휘할 때다. 여성사역자들이 가진 풍부한 자원들이 생명을 살리는 복음 사역에 더욱 활발하게 쓰임 받기를 기도한다. 여성이 있기에 미래가 있고 여성에게서 미래의 희망을 본다. 이 믿음의 이야기가 한국교회사에서 쟁쟁히 기억되고 본으로 남게 되기를 바라는 마음에서 한국교회 목회자들과 성도분들께 추천한다.

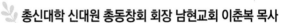

총신대학 신대원 총동창회 회장 남현교회 이춘복 목사

교회 개척 스토리

백명자편

보화를 캐는 여심(女心)

탈북민 개척 스토리

이순옥편

살아서 대한민국에서 만나자
대한민국으로 부르신 하나님의 은혜

이주민 개척 스토리

김영애편

국내 이주민 선교현장리포트

스페인 개척 스토리

최효심편

선교에로의 새바람

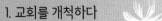

국내 교회개척 — 백명자

보화를 캐는 여심(女心)

백명자(총신신대원 105기)

대한민국 땅에서 영적으로 가장 척박하다고 할 경주 땅 오지에 들어가서 복음을 심고 가꾸어 열매를 낸 국내 목회 개척자다.

경주여고를 졸업하고(1978년), 동아대 법정대 정치외교학과를 졸업했다(83년). 울산 동여중과 학성여중의 기간 제 교사로 재직하다가 (83년~85년) 대만으로 유학을 가기위해 교편을 접었다. 대만에서 국제 정치 외교학 전공을 준비 중에 가정문제로 1년 만에 돌아와서 김경록을 만나 결혼하고 인천 한마음 선교유치원 원장(91~94년)을 역임했다.

총신대 기독교교육학과 (1999), 총신대 선교대학원(2003)과 총신대학 신대원을 졸업하였다(2012), 서울 역삼동 충현교회 심방전도사(2000~2002)로 사역하던 중 경주땅 개척의 부르심을 받았다. 경주에 갈릴리교회를 세우고 담임 목사로 사역하고 있다(2002년 3월 3일 개척 ~2019년현재).

감사의 글

하나님께서 저에게 쏟아 부어주신 사랑과 은혜를 어찌 말로 표현할 수 있을까요?

하나님의 사랑과 은혜가 사람들에게 잘못 전달될까봐 두렵고 떨리는 마음으로 글을 씁니다. 제 자랑이 되지 않고 제가 받은 하나님의 사랑과 은혜를 함께 나누고 싶은 마음입니다.

지금까지 사역하면서 제가 할 수 있던 것도, 제가 한 것도 없습니다. 경주 갈릴리 교회는 오직 예수님께서 십자가 위에서 흘리신 피 값 위에 세워졌습니다.

오늘이 있기까지 우리 가족의 희생과 수고를 비롯한 충현교회 동역자들과 서울역 전도팀의 물질과 기도의 헌신이 있었습니다. 지금도 함께 동역하시는 여러분들의 정성으로 갈릴리 교회가 존재함을 고백하며 감사드립니다.

저의 부족한 사역을 글로 쓸 수 있도록 격려해 주신 총신 여동문과 동문들이 세운 출판부에서 저의 개척 목회 경험을 책으로 펴내게 하심을 감사드립니다.

부족한 저를 사랑하시고 지금까지 인도하시고 함께 하셨으며 앞으로도 세상 끝 날까지 함께 하실 주 하나님께 모든 영광을 돌립니다.

2019년 3월 백명자

희망을 노래하는 시 '봄'

봄에는 아줌마도 소녀가 된다
살림 걱정
남편 걱정
자식 걱정
줄줄이 무거운 짐보따리 끌고 가다
골목길 돌아서니 담 너머 고개 내민
하얀 백목련
방긋 웃는 미소에
한 개
주름살 펴지고

길가에
줄지어 선 노란 개나리꽃
예쁜 옷 단장 웃음으로 반겨주다
또
한 개
주름살 펴지고

한강 변 늘어진 수양버들
자태까지 살며시 내 마음 훔쳐버린
봄 손님
내 모든 시름 보따리 풀어놓고
60이 다 된 나는 어느새
소녀가 된다.

– 2016년 4월 어느 봄날 수요일 아침 백명자

1. 한 송이 국화꽃을 피우기 위해 밤마다 우는 소쩍새

2019년은 내가 이곳 경주시 도지동에서 복음을 전한 지 17년째 되는 해다. 2002년 3월 3일 주일, 경주시 도지동에 소재한 시어머니댁 위채에서 첫 예배를 드리면서 경주에서의 나의 개척 사역이 시작되었다. 흘러간 세월에 비해서 많은 열매는 없지만, 17년이라는 세월 동안 이 자리를 지킬 수 있었던 것이 하나님의 은혜다.

17년 전, 경주 땅에 와서 내가 할 수 있었던 것은 그저 우는 일이었다. 서울에 두고온 가족 때문에 마음이 아파 울었고, 나를 괴롭히는 원수 마귀들 때문에 속상해서 울었고, 죽어가는 영혼들이 불쌍해서 울었고, 서글퍼서 울었다, 경주 땅의 영혼들을 위해서 울고 울었다. 길을 가다가도 울었고, 밥숟가락을 들고는 감사해서 울었고, 하나님 은혜를 생각하면 감사해서 운전대를 잡고서 운 적이 허다하다. 나 같은 사람을 사용해 주시니 감사해서 울었고, 불충성하고 불성실한데도 기도마다 응답해주시니 감사하여 울었다.

눈물이 어떻게 마르지도 않고 흐를까? 이것도 감사했다. 만나는 사람들이 나에게 피부가 곱다고 한다. "눈물로 세수를 해서 그런가?"라고 속으로 답해본다. 한 송이 국화꽃을 피우기 위해 밤마다 소쩍새는 그렇게 울었는데 경주의 소쩍새가 된 나는 밤낮으로 울었다. 그렇게 울었더니 마구간에서 갈릴리 교회가 탄생하였다.

"한 송이 국화꽃을 피우기 위하여

봄부터 소쩍새는 그렇게 울었나 보다

한 송이 국화꽃을 피우기 위하여

천둥은 먹구름 속에서 또 그렇게 울었나 보다

그립고 아쉬움에 가슴 조이던

먼 젊음의 뒤안길에서

인제는 돌아와 거울 앞에 선

내 누님같이 생긴 꽃이여

노란 네 꽃잎이 피려고

간밤에 무서리가 저리 내리고

내게는 잠도 오지 않았나 보다"

-서정주, 국화꽃 옆에서-

2. 가서 제자 삼으라

교회를 개척하겠다는 생각은 평소에 해 본 적도 없고 경주에 올 때도 상상조차 못 했고 단지 죽어가는 영혼들에게 복음을 전하겠다는 마음뿐이었다. 하나님께서 경주에 가서 복음을 전하라고 하시니까 "예, 가겠습니다"라고 대답하고 무작정 내려간 것이다.

2002년 3월 3일, 시어머니의 허락도 없이 시어머니의 집 위채에 십자가를 걸어 놓고 첫 주일 예배를 드렸다. 하나님과의 약속을 지키기 위해 도지 마을 집집이 전도하러 다녔다. 시어머니께서 사시는 동네에서 며느리가 복음을 전한다는 일이 만만치 않았다. 예수님께서도 "선지자는 고향에서 환영받지 못한다"며 고향 나사렛에서는 조용하게 지내셨는데 능력도 없는 아녀자, 그것도 집안 며느리가 경상도 고향마을에서 복음을 전하겠다고 마을을 휘젓고 다닌 것을 지금 생각하니 기가 막힐 일이었다. 어떻게 그 당시는 예수님의 그 말씀이 생각나지 않았을까? 이제 생각하니 핍박받은 것이 당연했다는 생각이 든다.

마을 정탐을 다니다가 처음으로 만난 전도 대상자 1호는 장애인으로서 지금은 경주시에 소재한 교회에서 집사 직분까지 받고 신앙생활을 잘하신다.

눈만 뜨면 하는 일이 집마다 다니며 전도지를 돌리고 맛있는 간식을 준비해서 어르신들이 계신 경로당에 방문해서 대접하고 교회에 나오시라고 열심히 전도했지만 아무도 예배당에 오지 않았다.

"하나님! 아무리 전도해도 사람들이 오지 않아요" 라고 말씀드렸더니 "가서 제자 삼으라"고 하신다. "어, 이 말씀은 마태복음 28장 18~19절 말씀이잖아? 맞다! 오지 않는 분들을 억지로 교회에 오라고 할 게 아니라 내가 집마다 찾아가서 복음을 전하고 제자 삼으면 되겠구나"라고 깨달았다.

그 후부터 우리는 오라는 사람은 없었지만, 집마다 축호 전도를 다니면서 그 집을 위해 복을 빌어주고 평안을 빌어주고 복음을 전하고 나왔다. 갈 곳이 많았다. 가서 누구를 제자 삼을까? 어느 집에 가야 할까? 기도하다가 마을에서 복음이 가장 필요한 사람이 떠올랐다.

하나님께서 예비하신 제자

나는 중첩 장애인이 사는 집을 찾아갔다. 그는 사람도 알아보지 못하고 본인의 이름도 모르고, 머리카락은 떡처럼 엉켜있고 세수도 안 한 지 오래되어 충혈된 눈에는 눈곱이 끼어 있고 긴 손톱 밑에는 새까맣게 때와 배설물이 끼어 있고 아랫도리는 이불로 둘둘 말아서 거의 사람이기보다 동물같은 형상을 하고 있었다. 성함은 "홍ㅇㅇ" 나이는 57세, 교통사고로 뇌를 다치고 거동마저 불편한데 중풍까지 겹쳐서 이중장애로 거의 인간이길 포기한 분이셨다. 가족들도 모두 등을 돌렸고 알코올 중독자이신 노모가 그를 돌보고 계시는데 밥은 아예 준 적이 없고 두유와 빵으로 끼니를 때우고 있었다. 하나님께서 그분의 모습을 바라보면서 나의 모습을 보게 하셨고 회개하게 하셨다. 때가 까맣게 낀 손톱을 깎아주면서 나의 죄를 회개하고 얼굴을 닦아드리면서 나의 죄를 회개했다. 멀쩡해 보이지만 "내 영혼의 모습이 이렇지 않을까?"

몇 년을 거의 방치되어 있던 분이라 언어능력을 상실했는지 대화조차 어려웠다. 방의 사면 벽마다 손으로 배설물을 칠해서 벽화를 그려 놓았으며, 마을 분들은 그 집에 들어가는 것조차 꺼려서 사람들과의 왕래가 끊겨 있었다.

그런데 참 신기하다. 그분 가까이 가도 냄새가 나지 않았고, 더럽다는 생각조차 들지 않았다. 나의 눈에는 오로지 그분의 영혼밖에 보이지 않았다. 그분에게 본인의 이름을 가르쳐 줬고 매일 죽을 끓여다 주면 숟가락으로 곧잘 떠서 드실 정도가 되었다. 사도신경을 가르쳐 줬고 나를 보면 반가워서 손을 들고 "할렐루야"라고 할 정도로 발전했다. 그분과 친해지자 자신이 먹던 빵을 나에게 주면 같이 먹기도 했다. 지금 생각하니 하나님의 특별한 은혜였던 것 같다. 인천에 계신 목사님께서 그분의 얘기를 들으시고 휠체어를 구해서 보내주셨다. 예배당에 올 수 있게 되었다. 기적이었다. 그러자 그분의 어머니도 예수님을 영접했다. 지금은 두 분 모두 천국에 가셨다. 처음 경주에 와서 복음 전하고 지금까지도 가장 마음에 남는 분 중의 한 분이시다.

3.네게 있는 것을 갖고 가거라

　가족과 친구들, 친밀하게 지내던 모든 사람으로부터 홀로 떨어져 나온 경주 땅에서 하나님은 외로움, 그리움, 두려움으로 혼자 울면서 기도하게 하셨다, 서울에 있는 동안은 근 3년을 청계산에서 밤마다 산기도를 하게 하시더니 나를 경주 땅에 이렇게 홀로 보내려고 하셨나보다.

　"하나님! 저는 남들처럼 특별한 능력도 없고 돈도, 배경도 없고, 아무것도 없는 연약하고 평범한 여인인데 어떻게 경주로 갑니까?" 라며 하나님께 여쭈면 "네가 가진 것을 가지고 가거라" 말씀하셨다. "내가 가진 것? 그것이 뭐지?" 아무리 생각해도 나는 가진 게 없었다. 도대체 내가 가지고 있는 것이 뭘까? 늘 생각하며 기도하는데 눈만 감으면 피투성이가 된 맨손으로 황무지를 일구는 내 모습이 환상으로 보인다.

　"하나님, 저는 아무것도 없는데 왜, 저를 경주 땅에 홀로 보내셨습니까?" 울며 기도했더니 주님께서 "너에게 내가 있지 않니? 내가 너와 함께 있지 않니?" 라고 하신다. 그제야 깨달았다. 아, 맞다. 나에게는 예수님이 계시는데 뭐가 걱정이냐? 나는 즉시 "예수님 한 분으로 만족합니다!" 라고 고백했다.

　어느 해 겨울에는 보일러 기름이 떨어져서 기름 살 돈 조차 없는 냉방에서 김치 한 가지 달랑 놓고 밥을 먹을 때였다. 그 추운 방 그곳에, 반찬없는 그 밥상에 예수님께서 나와 함께 하신다는 말씀을 듣고 감사의 눈물이 쏟아졌다. "저는 예수님 한 분만으로 족합니다!" 그렇다. 내가 가지고 있는 것, 예수라는 이름, 그 이름이면 충분한 것을, 나는 자꾸 돈도 없다, 건강도 없다, 능력도 없다고 했구나!

> **"이 비밀은 만세와 만대로부터 감추어졌던 것인데 이제는 그의 성도들에게 나타났고 하나님이 그들로 하여금 이 비밀의 영광이 이방인 가운데 얼마나 풍성한지를 알게 하려 하심이라 이 비밀은 너희 안에 계신 그리스도시니 곧 영광의 소망이니라"골1:26~27**

> **"이는 그들로 마음에 위안을 받고 사랑 안에서 연합하여 확실한 이해의 모든 풍성함과 하나님의 비밀인 그리스도를 깨닫게 하려 함이니 그 안에는 지혜와 지식의 모든 보화가 감추어져 있느니라"골2:2~3**

예수님께서 나와 함께 계시는데 무엇이 걱정인가? "내 이름으로 무엇이든지 내게 구하면 내가 행하리라"(요14:14) 고 하셨지. 그래, 나는 가진 게 없지만, 예수 이름을 주셨고 그 이름으로 구할 때 하나님이신 그분께서 시행하시겠다고 약속하셨는데 내가 쓸데없는 걱정을 했다.

"하나님 감사합니다. 지혜와 지식의 모든 보화가 감추어진 예수님을 저에게 주심을 감사합니다."

나에게는 내가 하는 것이 아니라 하나님께서 친히 일하실 것이라는 확신이 생겼다. 원망이 감사로 바뀌었다. 하나님께서 경주땅에 오게 하셨으니 그분께서 친히 하시리라는 믿음이 지금껏 나를 경주땅에서 사역할 수 있도록 붙들어 준 동력이다.

4. 예수님이 탄생한 마구간 교회

시어머니가 사시는 집 위채에서 3년 정도 예배를 드리다가 마을 한가운데에 있는 마구간으로 예배 처소를 옮기게 되었다. 마을에 비어 있는 장소가 있어도 사람들은 예배 처소로 내놓으려 하지 않았다. 어머니의 눈으로 보실 때 예배당에 오는 사람들은 온전한 사람이 없었다. 지적 장애거나 지체 장애거나 대부분이 망가진 사람들만 모아다가 예배드리고 쌀 퍼내어서 밥해주고 예배를 드리니 마을 사람들이나 어머니 눈에 곱게 보일 리가 없었다. 나가라는 어른들의 성화에 예배 처소를 옮기겠다고 약속을 하고 기도하면서 온 마을을 뒤지다가 비어 있는 한 마구간을 찾아낸 것이다.

철야기도를 하고 주인을 만나러 갔더니 마침 남편의 어릴 때 친구였다. 돈도 필요 없고 자기가 필요할 때까지만 사용하라고 한다. 이렇게 해서 마구간으로 이사를 하고부터 우리 교회는 "마구간 교회"로 불리게 되었다. 춥고 불편하기가 말할 수 없었지만, 하나님이신 예수님께서도 이런 마구간에서 탄생하셨는데.... 하고 생각하면 은혜가 넘쳤다.

하지만 이사하면서부터 영적 전쟁이 시작되었다. 마구간은 우리에게 빌려주었고 마구간에 딸린 안채는 점쟁이한테 세를 준 것이었다. 하나님께 기도하면 머리가 커다란 뱀이 똬리를 틀고 있는 환상이 보이는데 꼬리는 아무 힘이 없어 보였다. 몇 명 되지 않는 성도들과 날마다 예배당에 모여서 기도했더니 안채에 있던 점쟁이가 어느 날 이사를 가버렸다.

따뜻해진 그해 겨울

30평 남짓 되는 마구간이 천장은 휑하니 뚫려 있어서 겨울만 되면 찬바람이 쌩쌩 불어든다. 허술한 벽에는 구멍이 숭숭 벌어져 있고 난방은 전혀 없으니 너무나 추웠다. 경주는 서울보다 남쪽이라서 따뜻한 줄 알았는데 체감온도는 경주가 더 추웠다. 경주에 오면서부터 추위와의 전쟁이었다. 몇 차례 죽을 고비를 넘기면서 주변 교회들을 둘러보았다. 교회들은 왜, 교단이 다르다는 이유로 서로 담을 쌓고 돌아보지 않는 걸까? 하는 옹졸한 생각이 들었다. 사람들은 큰 교회에 가서 도움을 요청하라고 권하지만, 하나님께서 도와주시겠지, 하는 믿음으로 버텼다. 큰 교회들은 먹을 것이 풍성하게 남아돌고, 이웃에는 전도사가 교회를 개척하고 죽을 고생을 하는데 교단이 다르다는 이유로 돌아보지 않는다는 생각에 서글프고 속상했다.

뒷마을에 사시는 타 교회 권사님께서 어떻게 아시고, 옥 장판을 한 개 들고 오셨다. 그때부터 30평 마구간에 옥 장판을 깔고 전기 선풍기를 켜고 따뜻하게 잘 수 있었다. 이렇게 몇 달 지났다. 햇틴 산 수양관의 ㅇㅇㅇ권사님이 오셔서 마구간에 방을 한 칸 만들어주고 연탄보일러를 설치해 주셨다. 이제야 나의 방이 한 개 생기게 되었고 마구간에 있는 3년 동안 따뜻한 겨울을 보내게 되었다.

하나님의 은혜가 아니고서 우리가 어떻게 살아갈 수가 있을까?

5. 뱀 같은 지혜와 비둘기 같은 순결함

도지동 마을에 십자가를 세우고 가장 거슬리는 일이 두 가지 있었다. 복음화율이 1%도 되지 않는 마을이다 보니 날만 새면 확성기를 통해서 들려오는 목탁소리와 염불소리와 무당이 푸닥거리 굿하는 소리다. 앞 뒷마을 70호 되는 가구 중에서 기독교 신자는 시어머니 한 분이셨다.

마을에는 남묘 호랭겡교의 골수분자 지역분장이 살고 있었고 5~6명이 그 신자였다. 나머지는 불교 신자인데 실은 유교, 불교, 샤머니즘이 혼합된 짬뽕(?) 종교인들이었다. 절 간판 붙여 놓고 점치는 점쟁이 집이 세 집, 절이 두 군데 있었다. 그중에 마을에서 가장 오래된 청○○ 절에서 종일 틀어놓은 확성기의 목탁소리와 염불소리로 머리가 지끈지끈 아플 정도였다. 우리나라의 국교가 불교인가보다 라고 착각할 정도다. 하지만 마을 사람들은 아무렇지도 않은 듯이 받아들인다. "하나님, 저 소리 좀 들려오지 않도록 도와주세요"라고 매일 기도했다. 그러던 어느 날, 하나님께서 지혜를 주셨다. 관할 파출소에 "아기가 확성기 소음 때문에 잠을 못 잔다"는 민원을 날마다 넣었다. 확성기 소리만 들려오면 파출소에 전화했다. 그리고부터 목탁과 염불 소리는 지금까지 들려오지 않는다. 얼마나 감사한지! 하나님은 하시는구나! 나중에 안 사실이지만 마을 사람들도 그 소리가 듣기 싫었지만 싫은 기색을 나타내었다가 해 받을까봐 감히 아무도 대항하지 못했다는 것이었다. 인생이 얼마나 어리석고 미련한가? 하나님을 알지 못하니까 허깨비를 보고도 무서워하고 놀라는 것이다.

6. 서울에서 내려온 연지 댁 며느리

이번엔 푸닥거리 소리와의 전쟁이 시작되었다. 기도해야 하는데 혹독한 추위에 입이 얼어붙을 정도다. 예배처소로 사용하던 시어머니 위채는 보일러도 뜯어버려서 난방이 안 되고 창문도 창호지 문짝으로 되어 있어 3월이 되어도 엄청 추웠다. 너무 추워서 하나님께 기도했다. "하나님 저, 서울로 보내주세요." 라며 벌벌 떨다가 청계산에 올라가서 기도했던 기억이 났다. 산에서 맘껏 부르짖고 기도하다 보면 추위는 사라지고 오히려 더워서 겉옷을 벗고 기도하던 기억이 나서 날마다 뒷산에 올라갔다. 온 동네가 떠나가도록 부르짖고 내려오기를 몇 달째 되었을 때다. 마을 통장님께서 오시더니, 조석으로 시끄러워 못 살겠다고. 불평하신다. 산에서는 연지댁 며느리(시어머니 택호가 연지댁이라서 연지댁 며느리로 불렀다)가 시끄럽게 떠들고 동네에서는 푸닥거리 소리로 시끄러웠다.

이렇게 혹된 날씨에 산 기도를 시작한 지 얼마 되지 않아 신기하게도 푸닥거리 소리가 잠잠해졌다. 푸닥거리하시던 그분은 여자 통장님이 되셨고 경주 시내 모 교회에도 한 번씩 출석하신다는 소문이다. 작년 여름에 있었던 전도 잔치에는 우리 갈릴리 교회에도 방문하셨다. 복음의 씨앗을 뿌려 놓았으니 하나님께서 언젠가는 거두시리라 믿는다.

나는 서울에서 사역할 때는 '백명자 전도사'로 불리다가 경주에 가서 도지 마을에 개척하면서 "연지댁 며느리"가 되었다. 2017년에 목사안수를 받고 부터는 "연지댁 며느리"가 아니라 "갈릴리 교회 목사입니다" 라고 당당하게 말한다. 내가 생각해도 난, 참 별난 며느리다. 시어머니의 허락도 없이 어머니 집의 위채를 차지하고 십자가를 세우고 복음을 전하면서 시어머니가 농사지은 쌀로 교인들 밥해 주고, 하나님만 믿고 사람을 두려워하지 않고 복음을 전했으니 얼마나 기가 막히셨을까? 마을 어른 대부분이 시어머니 친척이시고 친구 분들이시니 시어머니의 원망을 들을만했다.

"주님, 이런 것까지 주님을 닮아야 합니까?"라는 조크를 주님께 던졌다. 지금껏 시어머니 동네에서 복음 사역을 감당할 수 있었던 것이 전적인 하나님의 은혜가 아니고 무엇이었겠는가?

고 최자실 목사님의 간증 수기 "할렐루야 아줌마"라는 책을 읽으며 온몸에 전율을 느꼈던 생각이 난다. 매일 금식하며 환자들을 위해 밤낮으로 기도하시고 밑바닥에서 고통하는 사람들과 함께 생활하며 사역하는 모습이 내심 존경스러웠다. 하지만 나도 그런 일을 할까 봐 두려워서 "한 끼도 금식 못 하는 나는 절대 이런 일을 감당할 수 없으니까 하나님, 저에게는 이런 사역 절대 맡기지 마세요." 라고 했었는데 경주에 오면서 매일 철야를 시키셨고 일정 기간 금식하게 하셨다. 내 힘으로 어떻게 철야하고 금식할 수 있었을까? 하나님의 은혜다.

집마다 전도하러 다니면서 "갈릴리 교회 전도사입니다"라고 하면 배척 하지만 "도지동에 사는 연지댁 며느리입니다" 라고 하면 들어오라고 문을 열어준다. 도지 마을의 시어머니는 마치, 여리고의 라합 같으셨다. 나를 숨겨 주시고 돕는 자로 하나님이 심어두신 것 같다. "연지댁 며느리"가 아니면 이 마을에 복음 전하기가 힘드니까 나를 만세 전에 택하여 도지 마을에 시집오게 하셨나 보다. "연지댁 며느리"라는 호칭이 사람들과의 소통을 자유롭게 만들어 주었다. 하지만 온 마을 분들이 시어머니 노릇을 하면서 인간적으로 나를 힘들게 한 부분도 있었다.

시어머니와 며느리와의 관계는 신앙 안에서도 편안한 관계만은 아니다. 시어머니가 계시고, 마을 모든 분이 시어머니가 되고 싶어 하는 이곳에 나를 보내신 것은 복음을 전하기에 앞서 나를 훈련해서 강하게 만드시려는 하나님의 계획 같았다. 나는 "주님, 왜, 나를 연단하시는 거예요?"라고 묻곤 했다.

시골 마을에서 가장 힘든 일은 구설수다, 70여 가구가 한 식구처럼 옹기종기 모여 살다 보니 입방아에 말리기도 하였고 심지어는 삽으로 테러(?)를 당한 적도 있었다. 이러한 불같은 연단 속에서 하나님은 그분만을 의지하게 하셨고 나를 강한 자로 무장시키셨다.

7. 가족사랑

우리는 "원수를 사랑하라"고 하신 하나님의 대 미션을 수행하기 위해 날마다 영적 전투를 한다. 특별히 가정은 가장 합당한 훈련소다. 예수님께서도 집안 식구가 원수라고 말씀하셨지 않은가?

가장 힘든 상대는 시댁 식구들이다. 그것도 손위분들을 끌어안기가 쉽지 않다.

경주에 오기 전에는 시어머니와 기본적인 관계는 유지했는데 시어머니댁에 십자가를 세우고 복음을 전하면서부터 마귀는 고부간의 갈등으로 묘하게 나의 사역을 방해하기 시작했다. 힘들게 하는 시어머니가 미워질 때마다 나를 쳐서 정과 욕심을 십자가에 못 박아 복종시키지 않고는 감당하기가 힘들었다.

> "너희 안에 이 마음을 품으라 곧 그리스도 예수의 마음이니 그는 근본 하나님의 본체시나 하나님과 동등 됨을 취할 것으로 여기지 아니하시고 오히려 자기를 비워 종의 형체를 가지사 사람들과 같이 되셨고 사람의 모양으로 나타나사 자기를 낮추시고 죽기까지 복종하셨으니 곧 십자가에 죽으심이라. 이러므로 하나님이 그를 지극히 높여 모든 이름 위에 뛰어난 이름을 주사 하늘에 있는 자들과 땅에 있는 자들과 땅 아래에 있는 자들로 모든 무릎을 예수의 이름에 꿇게 하시고 모든 입으로 얘수 그리스도를 주라 시인하여 하나님 아버지께 영광을 돌리게 하셨느니라" 빌2:5-11

어떻게 예수의 마음을 품을 수 있을까? 미움과 시기와 분 냄과 육신의 생각으로 가득할 때 금식하면 예수님의 마음으로 회복되곤 했다. 바리새인들이 예수님과 제자들에게 "금식하지 않고 음식을 탐하는 자들"이라고 비난한 일이 생각났다. 예수님께서는 "신랑이 함께 있을 때 에는 금식할 필요가 없지만 신랑이 떠나고 없을 때가 되면, 그때는 금식해야 한다" 고 말씀하셨다. 그렇다, 마음이 죄와 악독으로 가득차면 예수님이 떠나신다. 그러면 금식해야 한다. 기도와 금식 외에는 이런 능이 나갈 수 없다고 하셨다.

내 힘으로 어떻게 원수를 사랑할 수가 있을까? 하나님께서 나에게 성령을 부어 주시지 않으면 나는 아무도 사랑할 수 없다는 것을 날마다 깨닫는다. 남편, 시어머니, 가족을 통해서 내가 용사로 훈련을 받는 것은 그래서 감사할 일이다. 가족이기 때문에 미워했다가도 서로 풀게 되고 허물이 없다.

하나님은 가족을 통해서 성도들을 어떻게 사랑하고 끌어안아야 하는지를 훈련하셨다. 가정이 가장 귀한 훈련 장소이며 내 가족이 훈련 선생님들이다. 만약, 이런 훈련을 거치지 않고 사역을 한다면 완전히 남남인 성도들을 어떻게 품을 수 있을까? 회복될 수 없을 정도로 관계가 파괴되면 그 상처로 피차 얼마나 힘들게 될까?

농사일이라고는 해 본 적이 없는 나에게 밭의 풀을 매게 하시고, 예배 시간만 되면 예배드리지 못하도록 일을 시키셨던 어머니가 그 당시는 너무나 야속했다. 그러나 시간이 흐르면서 어머니의 속마음을 알게 되었다. 이 험악한 경주 땅에 연약하기 짝이 없는 여인의 몸으로 무슨 교회가 세워질 수 있으며, 아들과 손주들을 버리고 혼자 경주로 와버린 무지막지한 며느리의 소행(?)도 이해가 되지 않으셨기에 미울 수밖에 없었으리라. 힘든 일을 시키면, 서울로 올라가겠지, 하는 생각에 하지도 못하는 농사일을 시키셨던 어머니의 마음은 얼마나 힘드셨을까.

개척 초창기에는 나의 사역을 반대하시고 훼방하셨던 어머니께서 지금은 나의 가장 귀한 동역자가 되셨다.

8. 내가 뽑아내겠다

서울에서 젊은 여자가 내려와서 교회를 세웠다는 소문(?)을 듣고 마을 경로당 옆에 방을 얻어 사는 40대 초반의 젊은 남자분이 교회에 가끔 구경하러 왔다. 서울 근교에서 하던 일에 실패하고 연고도 없는 이 마을로 들어온 이를테면 뜨내기셨다.

어느 토요일 오후다, 그는 자기 집에 전도할 사람이 있으니 와 달라고 초청해서 갔더니 알코올 중독자로 소문난 남자분과 우리 교회에 나오는 남자 성도님 한 분과 그 남자분이 나를 반겼다. 전도하려는 열심만 가지고 그들이 있는 방으로 들어갔다. 몇 마디 농담들도 오갔지만 아무렇지 않게 받아넘기다가 주일예배 준비하러 가야 한다고 자리를 털고 일어섰다. 나를 초청한 뜨내기 남자가 조금 더 있다 가라면서 내 손을 잡아 앉히기를 몇 번 반복하는 바람에 화가 났다. "나를 여자로 보고 희롱하고 있느냐?"고 고함을 질렀다. "당신들, 이런 식으로 하나님의 종을 희롱하면 하나님께서 가만두지 않을 것이다! " 라고 고함을 지르고 방을 뛰쳐나왔다. 그리고는 밤새도록 울어도 분이 풀리지 않았다. "하나님 나를 여자라고 얕보지 않도록 저에게 능력을 주시든지, 아니면 제가 사역을 그만두고 서울로 올라가도록 허락해주세요." 라며 3일 작정하고 금식하였다.

금식 후 마음이 안정되었다. 그리고 "원수를 사랑하라"고 하신 하나님의 말씀을 기억하였다. 어차피 같은 마을에서 얼굴을 맞대고 살아야 하니 끌어안을 수밖에 없다는 생각이 들었다. 그리고 그 남자분들을 식사에 초대했다. 뜨내기 그 남자는 민망해서인지 오지 않고 다른 두 남자분은 와서 식사하고 화해를 했다. 화해할 작정이었으니 내친 김에 음식을 싸서 갖다주었다. 계면쩍어하면서도 음식 그릇을 받았다. 빈 그릇을 들고 나오다가 뒤통수가 당겨서 뒤를 돌아보았다가 깜짝 놀랐다. 나를 째려보고 있는 얼굴과 마주쳤다. 완전 마귀의 형상이었다.

그 후 얼마를 지났다. 그 뜨내기 남자는 마을에서 일어난 살인 사건에 연루되어 교도소에 가게 되었다.

새벽기도를 하는데, 하나님께서 "뽑아내겠다"는 음성을 들려주셨는데 그날 아침, 마을에 난리가 났다. 그날 새벽에 살인 사건이 났으며 그 남자가 붙잡혀 가게 된 것이다. 재판이 끝날 때까지 교도소에 면회하러 가고 법정에도 가서 면회하고 복음을 전했다. 제법 긴 세월의 형을 받고 복역했다. 대구 교도소에까지 면회하러 가서 복음을 전하고 기도도 해주었다. 본인은 나에게 아무것도 해 준 것이 없는데 이렇게 찾아와 주니 감사하다고 눈물을 흘렸다. 지금은 어디에 살고 있는지 소식을 모르지만, 나의 힘으로는 감당할 수 없는 일들을 하나님께서 하셨다.

9. 사람은 실패해도 하나님은 승리하신다

예배 처소를 마구간으로 옮긴 후부터 본격적인 영적 전투가 시작되었다. 쾌히 승낙했던 마구간 주인은 알코올 중독자에, 부인도 없이 혼자 사는 분이었으며 마을 사람 대부분은 문중 사람들이었다. 시골에서 복음을 전하면서 가장 힘든 점이 문중이라는 견고한 진이었다. 예수님을 믿고 싶어도 문중 사람들이 무서워서 교회에 못 나오시는 분들도 있었다.

마구간 주인 ㅇ 씨도 문중 사람들이 흔들기 시작했다. "마구간을 왜, 교회에 빌려줬느냐? 머잖아 교회에 다 빼앗긴다"며 입방아를 찧기 시작했다. 마구간으로 이사 와서 짐도 풀지 않았는데 술만 마시면 나가라고 성화였다. 하지만 우리는 갈 곳이 없었다. 마을 분들도 "병신들 몇 명 모아 놓고 뭐하느냐?"고 빈정댔다. 우리는 몇 명 되지 않았지만 매일 모여서 하나님 앞에 울기 시작했다. 특별히 뇌성마비 환자인 자매님과 지적 장애 2급인 자매님은 거의 마구간에서 나와 함께 생활하면서 기도했다. 때로는 전기 차단기를 내려 버리기도 하고 문을 발로 차면서 협박도 하였다. 마을 분들에게도 덕이 되지 않는 것 같아서 이사해야겠다고 생각은 했지만, 막상 갈 곳이 없었다.

심신이 지칠 대로 다 지쳐 버렸다. 급기야 경주에 오기 전부터 좋지 않았던 산부인과 계통의 병이 도져서 더욱 심해졌다. 진단 결과 수술을 해야 한다고 했다. 수술 후에 이사하겠다고 사정했지만, 막무가내로 나가라고 했다. 마침 우리 교회에 기도로 동역하기 위해 이 마을로 이사 오신 타 교회 집사님께서 방 한 칸을 내어주셨다.

십자가를 내리고 교회 간판을 내리며 많이 울었다. "하나님, 저는 실패했지만 하나님께서는 실패하지 않으시는 줄 믿습니다. 예수님께서도 십자가에 죽으신지

사흘만에 죄와 사망의 권세를 깨뜨리고 부활하셨지요?"라며 약속의 말씀을 붙잡고 기도하는데 소망을 주셨다.

그렇다. 나는 실패했지만, 하나님께서는 반드시 승리하신다.

예수님을 영접한 마구간주인

짐을 모두 옮겼지만, 장의자는 마땅히 갖다 놓을 장소가 없었다. 일단 서울에 가서 수술하고 내려와서 옮길 테니까 기다려 달라고 사정해도 따라다니며 치워달라고 괴롭힌다. 아무리 설득해도 막무가내였다. 몸은 괴롭고 힘이 드는데 화가 났다. "ㅇㅇㅇ씨, 내가 정말 당신에게 욕이라도 해주고 싶은 마음입니다." 라고 했더니 빙글빙글 웃으면서 욕을 한 번 해 보라며 비웃는다. "저는 욕하지 않습니다. 하나님께서 원수를 사랑하라고 하셨습니다." 그 말이 채 끝나기도 전에 그는 픽 웃더니 휙 돌아서서 나가버렸다. 그리고 그 후로는 내 앞에 나타나지 않았다. 때로는 원수 앞에서 싸우는 것보다 하나님의 말씀을 선포하는 것이 얼마나 위력이 있는가?

"행악자를 인하여 불평하지 말며 불의를 행하는 자를 투기하지 말지어다. 저희는 풀과 같이 속히 베임을 볼 것이며 푸른 채소같이 쇠잔할 것임이로다. 여호와를 의뢰하여 선을 행하라. 땅에 거하여 그이 성실로 식물을 삼을지어다. 또 여호와를 기뻐하라 저가 네 마음의 소원을 이루어 주시리로다. 너의 길을 여호와께 맡기라 저를 의지하면 저가 이루시고 네 의를 빛같이 나타내시며 네 공의를 정오의 빛같이

하시리로다. 여호와 앞에 잠잠하고 참아 기다리라 자기 길이 형통하며 악한 꾀를 이루는 자를 인하여 불평하여 말지어다. 분을 그치고 노를 버리라 불평하여 말라 행악에 치우칠 뿐이라. 대저 행악하는 자는 끊어질 것이나 여호와를 기대하는 자는 땅을 차지하리로다. 잠시 후에 악인이 없어지리니 네가 그 곳을 자세히 살필지라도 없으리로다" 시37:1-10

원수들이 나를 죽이려고 떼로 몰려드는 이곳에서 "잠시 후에 악인이 없어지리니 네가 그 곳을 자세히 살필지라도 없으리로다."라는 말씀에 위로받고 울었다.

수술 후에 한 달가량 서울에서 휴식을 취하고 경주에 다시 내려왔다. 마구간 주인이 보이지 않았다. 교도소에 갔다는 것이다. 수소문해서 교도소를 찾아가 수차례 면회를 했다. 복음을 전했지만 받아들이지 않았다. 마구간에 있을 때도, 마구간에서 이사하고서도 매일 밥상을 차려서 음식대접을 하고 복음을 전했지만 받아들이지 않았다.

그런 그가 교도소에서 나온 지 얼마 안 되어 뇌졸증으로 쓰러져서 서울 중앙병원 중환자실로 실려 갔다는 소문을 들었다. 그리고는 한참을 잊고 있었다.

마을 전도를 다니다가 우연히 길에서 마구간 주인을 만났다. 얼마나 반가운지 다가가서 인사하자 본인이 더 반가워한다. "형제님, 제가 서울 병원에 있다가 퇴원해서 사촌 집에 있으면서 성당을 다니기 시작했습니다. 쓰러졌을 때 하나님을 만났는데 아직은 하늘나라 올 때가 아니니 좋은 일 많이 하고 오라고 저를 다시 살려주셨습니다. 이제는 하나님을 잘 믿고 살렵니다."라고 하신다.

그 후부터 그분은 갈릴리 교회에 예배드리러 나오기 시작했다. 180도 달라진 태도와 말투에 우리는 놀랐다. 하나님이 아니고 어떻게 이런 일이 일어날 수가 있겠는가?

10. 원골 댁 어르신

마을 어르신 중에 특별히 나에게 관심을 가지시는 분이 계셨다. 택호가 원골 댁 어르신이셨다. 남묘호랭겡교 골수분자였다. 시어머니보다 10살이나 위이시고 몸도 불편하신데 하루도 빠지지 않고 매일 유모차를 끌고 "화광"이라는 남묘호랭겡교 전도 신문을 집마다 돌리신다. 그런데 신기하게도 가끔씩 예배당으로 나를 찾아오셨다. 부활절에는 커다란 소머리도 주셔서 교회 잔치를 했다.

본인은 어차피 교를 바꿀 수 없지만, 어르신의 딸을 찾아가서 전도 해달라며 따님의 주소와 전화번호까지 알려 주셨다. 그분의 따님이 다른 마을에 사는데 교회를 다니다가 시험이 들어 2년간 쉬고 있으니 꼭 가서 전도해서 갈릴리 교회로 데려오라는 정보를 주셨다.

그분은 커다란 오디 밭을 소유하고 계셨는데 오디 따는 계절만 되면 나에게 오디를 따 달라고 부탁도 하시고 교회 전도사인 나에게 호의를 베푸셨다. 인정 많으신 그 어르신을 전도하기 위해 적극적으로 기도하기 시작했다. 그리고 어르신의 따님도 하나님의 은혜로 우리 교회에 나오기 시작했다. 알고 보니 그 어르신은 결혼 초기에 교회를 다니다가 남묘 호랭겡교로 종교를 바꾸고 지금까지 남묘 호랭겡교를 다니는 분이셨다.

우리 교회가 마을에서 복음을 전하기 위해서는 교회 건물이 있어야겠다는 생각이 들었다. 그래서 적은 돈이었지만 그동안 모은 헌금으로 땅을 사기위해 기도했다. 그 이야기를 들은 원골 어르신께서 자신의 집 바로 옆의 땅을 중매해 주셨다. 직접 나서서 값을 흥정해주며 교회가 사라고 적극적으로 권해 오셨다. 그분 따님도 그에게 교회 다니기를 권해도 전혀 듣지 않고 예수 믿는 그의 딸을 핍박했던 분인데 말이다. 하나님의 응답이라 생각하고 감사한 마음으로 그 땅을 싼 가격으로 샀다. 그리고는 교회 땅에 가서 매일 건축을 위해 기도했다.

그런데 땅을 사고 나니 이 어르신의 태도가 완전히 바뀌었다. 우리를 대적하고 노골적으로 방해하기 시작하셨다. 사람은 이렇게 돌변하기도 하는구나! 심지어는 그 힘이 어디서 나왔는지 알 수가 없을 정도로 커다란 대들보로 길을 가로 막아 두어서 우리가 다니지 못하도록 심술을 부리셨다. 그리고 어르신 땅이 교회 땅에 들어와 있다고 측량을 다시 해야 한다고 억지를 부리기까지 하셨다.

원골 어르신을 이길 방법은 오직 사랑밖에 없다

　어르신께서 방해를 할수록 우리는 "어르신을 이길 방법은 오직 사랑 밖에 없겠다"는 마음으로 사랑으로 똘똘 뭉쳐서 어르신을 끌어안았다. 어르신께서 우리에게 어떻게 대하더라도 절대 화내지 말고 무조건 사랑으로 져주고 사랑으로 베풀 것을 다짐, 또 다짐하면서 어르신을 위해 집중적으로 기도했다. 우리 교회는 성도들이 몇 명 되지 않았지만 모두 불신자 가정에서 전도되어 나오게 된 성도들이라 주님을 사랑하는 마음이 뜨거웠다. 뇌성마비 아가씨와 나를 포함해서 4명이 할 수 있는 것은 오직 기도밖에 없었다. 교인 수는 적지만 문제가 있을 때는 똘똘 뭉쳐서 문제가 해결될 때까지 기도했다.

　그러던 중에 하나님 은혜로 재료비만 받고 건축을 해주겠다는 건축 선교 후원 단체를 만나게 되었다. 그런데 그토록 우리를 방해하던 원골 어르신은 그 무렵에 부산 병원에 입원하게 되셨다. 우리는 기도만 했고 하나님께서 일하심으로 우리 교회는 아무런 방해도 받지 않고 무사히 3일 만에 초스피드로 예배당을 짓게 되었다.

　어르신께서 퇴원해서 오셨을 때는 이미 예배당이 완성되었고 우리는 새로 지은 예배당에서 예배를 드렸다. 그분은 우리가 예배드릴 때마다, 그리고 기도회 때마다 와서는 시끄럽다, 조용히 하라고 방해하셨다.

　"전도사가 어떻게 기도하기에 교회에 큰일만 있으면 내가 병원에 가게 되노?" 라며 고래고래 고함지르시곤 하셨다. 우리는 "오직 사랑!"을 외치며 잘 감당했다.

하나님이 택한 자는 돌아온다

예배당을 짓고 1년이 지난 후의 일이다. 그분 따님과 우리 성도들과의 협공 작전으로 드디어 어르신께서 하나님께 두 손을 드셨다. "내가 왜? 여기 앉아 있지?" 처음에는 어르신께서 어떻게 교회를 오게 되었는지, 자신도 모르겠다고 말씀하시곤 했다. 평생을 남묘 호랭겡교를, 그것도 누구보다 열성적으로 다니시다가 다시 하나님께로 오시게 된 것이 어르신 자신도 이해가 안된다며 신기하다고 하셨다. 하나님께서 택하신 자는 반드시 찾으신다는 것을 어르신을 통해서 알게 하셨다. 물론 따님의 눈물기도와 우리의 기도가 있었지만. 남묘 호랭겡교 사람들이 끈질기게 방해하고 물고 늘어졌지만 우리가 어르신 곁에서 함께 기도하면서 얼씬도 못 하도록 도와드렸다. 처음에는 그들을 두려워하셨지만, 하나님께서 믿음을 주심으로 담대하게 남묘호랭겡교 사람들을 끊으셨다. 하나님께로 돌이키시니 이전의 그 열심이 하나님을 향한 열심으로 바뀌었다. 90세가 되어 가시는 연로하신 어르신께서 새벽 기도에 한 번 안 빠지셨다. 그리고 수요, 금요, 공 예배에 빠지지 않고 꼭 참석하셨다.

95세로 소천 하실 때까지 주일 점심 반찬을 손수 만들어 오셔서 성도들을 섬기셨다. 평생을 엉뚱한 길로 다녔던 죄를 회개하는 마음이라면서 봉사할 것은 그것밖에 없다면서 손수 지으신 농사의 재료로 정성껏 맛있는 반찬을 만들어 성도들을 섬기셨다. 막내딸 같은 전도사를 주의 종으로 인정하시고 얼마나 섬기시고 사랑해 주시던지. 믿지 않을 때는 원수처럼 행하시며 나를 힘들게 하셨던 어르신께서 살아 계시는 동안 나의 가장 귀한 동역자가 되어 주셨다.

교회의 어머니처럼 내 사역의 울타리 역할을 7년 동안 잘 감당하시다가 95세 되시던 따뜻한 봄 날, 평안히 하나님 품에 안기셨다.

소천하시기 전까지 김해 요양원에 계셨는데 부족한 종을 하나님 의지하듯이 끝까지 의지하셨다.

"목사요, 나, 길 잃어버리고 어만 데로 가지 않도록 잘 인도해주이소"

하시면서 기도 부탁하셨던 어르신이시다.

그리고 소원하신대로 기독교식으로 장례를 치르셨다. (한쪽에서는 불신자이신 큰 아드님께서 불교식으로 장례를 치르셨다).

요한 사도처럼 사랑밖에 없음을 강조하고 또 강조해도 지나치지 않을 것이다. 성도들도 마찬가지이겠지만 특히 복음 전하는 사역자는 한 영혼을 천하보다 귀하게 여기시는 주님의 마음으로 복음 사역할 때, 아름다운 열매를 맺을 수 있다. 그러기 위해서는 날마다 예수 그리스도로 옷 입어야 할 것이다.

도시보다 시골이 더 하나님의 사랑이 필요한 것 같다. 시골에 시집와서 남자들도 힘든 농사일을 해야 하고 가정 살림도 꾸려나가야 하고, 시부모 사랑도 남편 사랑도 제대로 받아 보지 못하고 가슴에 한을 지고 살아오신 어르신들이다, 그러면서 그 어려운 고비, 고비를 다 넘기신 마을 어르신들, 일제 식민지, 6.25 사변, 보릿고개 겪으며 팍팍한 삶을 이겨내신 어르신들의 삶이 참 위대하시다는 생각을 해 본다. 복음을 모르고 생을 마치게 해 드리면 안 되겠다. 우리는 그 어르신들의 삶을 바라보며 그분들을 사랑하지 않을 수가 없을 것이다.

11. 여리고 작전으로 스님도 떠나버린 절간

여호수아 6장에 나오는 '여리고 작전'은 경주 갈릴리 교회 작전이 되었다. 어느 날, 사람이 살지 않고 비어 있던 집에 낯선 스님 한 분이 들어와서 절 간판을 붙여놓고 영업(?)을 시작하였다. 딱 봐도 엉터리 스님이다. 우리가 전도하러 가면 본인은 성경도 읽는다고 말했다. 우리는 새벽 기도 후에 매일 일곱 번씩 그 집을 돌기 시작했다. 여호수아 6장에서는 매일 한번 돌고 일곱째 날에 일곱 번 돌았는데 우리는 매일 일곱 번 돌았다. 양손에 목발 짚는 뇌성마비 아가씨, 중풍으로 쓰러졌다가 반신불수가 된 중년 남자 성도, 지적 장애 2급 여자 성도, 그리고 나까지 4명이 새벽 기도 후 일주일 동안 작정하고 기도하면서 여리고 작전 기도를 했다. 얼마 후, 그 절이 문을 닫았다.

하나님께서 응답해주심에 확신이 생긴 우리는 다른 목표물을 정했다. 마을 한 귀퉁이를 차지하고 있는 가장 오래된 ㅇㅇㅇ절이다. 이 마을에 왔을 때 확성기를 통해서 목탁과 염불 소리를 내던 절이다. 우리는 새벽기도를 마친 후, 일주일 동안 매일 일곱 바퀴씩 돌았다. 내가 선두에 서고 3명 성도가 뒤따랐다. 모두 입을 꼭 다물고 마음속으로 기도하면서 일곱 바퀴씩 일주일을 돌았다.

그 절은 웬일인지 주인이 년마다 바뀌었다. 지금은 절을 지키고 있어야 할 스님도 떠나서 없고 타지에서 온 부부가 공짜로 살며 절을 지키고 있다. 우리가 전도하러 가면 반갑게 맞아주고 복음을 전하고 축복기도를 해 주면 받아들이곤 한다. 부활절이나 특별한 절기 때마다 빠짐없이 선물도 챙겨다 주고 있다.

여기가 어딘데 여기까지 따라와서 전도하노?

마을 회관 옆에 있던 '천신 대감'점쟁이는 매일 왕래하며 전도하는 우리의 등쌀에 못 이겨서 다른 동네로 이사를 했다. 어느 날 맞은편 마을에 전도하러 갔다가 이 분을 만났다. 우리는 그동안 소식을 모르다가 반가워서 점쟁이에게 인사를 했다. 그는 집 안으로 들어가더니 소금을 갖고 나와서 우리에게 뿌리면서 화를 내고 우리를 쫓아내었다. "여기가 어딘데 여기까지 따라와서 전도하노? 빨리 나가!"라면서 고래고래 고함을 질렀다. 완전히 독이 오른 독사의 모습이었다. 하지만 그 모습이 너무나 불쌍했다. 우리는 "죄송합니다"라고 공손히 인사하고 물러 나왔다. 이후에 그분은 점집 문을 닫고 타지로 이사를 하였는데 거기서도 영업이 안 되었는지, 점치는 일을 그만두었다는 소식을 들었다.

내가 사역을 처음 시작할 때, 마을에는 점치는 집이 세 집이 있었지만, 지금은 모두 없어졌다. 마을 입구에 절 간판이 덕지덕지 붙어 있었는데 실제로는 절이 두 개다. 한 곳은 우리와 친밀한 관계를 가지고 있고 다른 한 곳은 우리를 완전히 적대시해서 접근도 못 하고 있다. 우리 교회는 해마다 부활절에는 계란을 삶아서 한 가정 한 가정마다 방문하여 부활절 계란을 돌리고 전도하고 있다.

한번은 부활절 계란을 가지고 그 절을 찾아갔다. 예수께서 부활하신 소식을 전하러 왔다는 우리의 말이 채 끝나기도 전에 그 절에 있는 보살이 화가 나서 펄쩍 뛰며 우리를 쫓아내었다. "여기가 어딘데 그런 것을 갖고 오느냐?"며 고함지르는 바람에 얼떨결에 쫓겨났다. 그 절은 여자 스님들의 수양관이라고 한다. 지금도 그 절을 놓고 기도하고 있다. 불교가 강한 경주 땅이지만 실상은 불교와 샤머니즘이 혼합된 불교다. 절 간판을 달아놓았지만 점치는 곳이다. 얼마나 우매한 인생인가?

'여리고 작전' 에피소드

3년 전, 우리 교회로 들어오는 길목에 넓은 공터가 있었다. 그 공터에 건물을 짓기 위한 기초공사가 시작되었다. 절을 짓는다고 했다. 교회 근처에 절이 생기면 안 된다고 생각한 우리는 비상이 걸렸다. 마을에 교회가 있으면 있던 절도 당연히 없어져야 하는데 새로운 절이 생긴다면 얼마나 마을 사람들이 비웃겠는가? 우리는 '여리고 작전' 기도를 시작했다. 새벽 기도를 마치고 나면 그 땅 주변을 매일 일곱 번씩 일주일을 돌았다. 건물이 거의 완성이 되어 가는데 이상한 것은 작년 상반기(2018년)에 공사가 중단된 채 지금까지 그대로 있다. 지금까지 사람이 얼씬도 하지 않는다.

12. 약한 자를 들어서 강한 자를 부끄럽게 하시는 십자가의 능력

갈릴리 교회는 목회자인 나를 비롯하여 모두 연약한 자들이다. "병신들 몇 명 모아 놓고 뭐 하는 곳이냐?"고 마을 분들이 노골적으로 비웃었다. 그들 눈에는 세상 적으로 아무짝에도 쓸모없는 장애인 몇 명이 오갈 데가 없어 마구간에 모여 예배드린다며, 그런 우리의 모습에서 아무 소망이 없어 보이나 보다.

그렇다. 하나님께서는 갈릴리 교회에 약한 지체들만 붙여 주셨다. 고등학교를 졸업하고 집 안에만 숨어 지내던 뇌성마비 환자 오ㅇㅇ 자매가 있다, 나는 우연히 목발을 짚고 골목 안으로 들어가는 그녀의 모습을 목격하고 따라 들어갔다. 그리고 복음을 전했다. 처음에는 눈길도 한 번 주지 않고 차갑게 외면했던 자매였지만 계속 방문하여 복음을 전했다. 장애가 있어 사람들과 전혀 교제하지 않고 바깥출입도 없었으며 친구도 없었다. 끈질기게 쫓아다니며 복음을 전한 덕분에 교회에 나오게 되었다. 그녀는 교회 출석하면서 몇 번 시험이 들어 넘어지기도 했지만 하나님은 한 번 택한 영혼을 절대 버리지 않으신다. 우리가 진토임을 너무나 잘 아시기에 오래 참으시고 신실하신 분이시다. 그 하나님의 사랑과 은혜 덕분에 지금은 집사 직분을 받고 가장 오래된 개척 멤버로 앞장서서 헌신하고 있다. 자매님을 바라보면 빌립보서 4장 1절에서 빌립보 성도들을 향해 "나의 면류관이요 나의 기쁨"이라고 한 사도 바울의 말이 생각난다.

자신의 장애 때문에 여러 가지 어려운 점들이 많았기에 본인도 힘이 들었지만, 신앙생활 초창기에 나를 참 힘들게 했다. 예배드리러 잘 나오다가도 몇 달씩 전화도 안 받고 잠적하면 자매를 일으켜 세울 방법이 없었다. 집으로 찾아가도 문도 열어주지 않을뿐더러 문을 열고 들어가도 일어나지도 않고 이름을 불러도 쳐다보지도 않았다. 시체처럼 누워서 반응이 없는 자매님을 바라보다가 기도하고 나올 때가 몇 번이었던가? 태어나면서부터 걷지 못하는 장애로인해 남몰래 눈물을 흘리며 고통스러워하는 외로운 자매님의 마음을 하나님은 이해하게 하셨고 그분의 긍휼하심을 내 마음에 부어주셔서 나는 자매님을 포기할 수 없었다.

자매님은 자기 몸이 아파도 병원에 가지 않는다. 어느 해 겨울에는 기침을 심하게해서 강제로 병원에 데려갔더니 폐렴이었다.

4년 전 여름에는 교회를 나오지 않아 집으로 찾아갔더니 열이 40도나 올라서 괴로워하면서도 병원에 갈 생각도 하지 않고 있었다. 자매님의 아빠에게 연락을 취해서 병원 응급실로 갔더니 치사율이 50%인 패혈증이었다.

제가, 목사님을 아주 힘들게 했죠?

올해는 1월 1일 첫날부터 나를 놀랍게 했다. 신년예배를 드리고 집으로 돌아간 지 얼마 지나지 않아 전화가 왔다. 집에서 뒤로 넘어졌는데 머리를 다쳐서 의식을 잃었다가 정신을 차려보니 머리에 피가 나고 바닥에도 피가 흘러 있다는 것이다. 부랴부랴 응급차를 보내고 병원에 가서 치료를 받고 다행히 아무 문제 없이 다 나았다.

이 자매님이 아플 때마다 우리는 작정 기도로 들어간다. 믿지 않는 가족들이 "네가 예수님을 믿어서 그렇게 되었다"고 말할까 봐서 항상 마음이 조마조마하다. 다행히 하나님께서는 자매님이 아플 때마다 고쳐주시고 살려주시는 것을 바라보면서 하나님께서 자매님을 참 많이 사랑하시고 간섭하고 계심을 알 수가 있었다. 그런 그녀가 지금은 옛날 일을 말하면서 "제가 그때 참, 목사님을 아주 힘들게 했죠?!"라면서 웃는다.

내가 처음 그녀를 찾아갔을 때 뇌성마비 장애 때문에 두 다리로 걷지를 못해서 목발을 짚고 다니며 실내에서는 기어 다녔다. 먹는 양에 비해 운동량이 적다 보니 비만해서 행동은 느리고 성격은 급하니 본인도 힘들어했다. 그리고 모든 가족이 예수님을 믿지 않으니 핍박이 따라올 수밖에 없었다. 장애로 인해 말 못할 사정들로 힘이 드는데 예수님을 믿기 시작하면서 핍박까지 있으니 얼마나 힘이 들었겠는가? 그러나 워낙 밝은 성격을 타고났고 착한 성품을 가지고 있어 잘 견디는 것 같았다. 직장 생활도 하지 않고 마냥 집에서 잠만 자고 TV를 보고 컴퓨터 게임이나 하고 허송세월하며 사람들도 만나고 싶지 않았고 아무 소망도 없었으리라. 그러다가 교회에 다니면서 사람들과 교제도 나누고 성경 공부도 하고 기도원도 다니면서 은혜를 받기 시작했다. 그녀의 생활이 달라지기 시작했다.

하나님의 능력

그녀는 자신의 몸단장도 깨끗하게 하고, 잠도 줄이고 부지런해졌으며 조금 받는 용돈으로 헌금을 하고 하나님께서 물질의 복을 주셨다면서 십일조도 시작했다. 믿음이 예쁘게 자라기 시작했다. 어느 날은 "전도사님 제가 화장실에서 거실까지 걸었어요"하고 기뻐한다. 교회에 와서도 목발을 버리고 걷는 연습을 했다.

아직 목발은 버리지 못하고 있지만, 목발을 짚고도 장애인들의 활동 보조인으로 활동하며 전 세계를 누비고 다닌다. 폐렴으로 병원에 입원하기도 했고, 패혈증으로 죽을 고비를 넘겼으며, 1월 1일에는 신년 예배를 잘 드리고 집으로 돌아가서 넘어져서 머리를 다쳐 응급실에 실려 가기도 했다. 몇 번을 죽을 고비를 넘기고 다시 일어서는 자매의 모습에서 생명이 하나님께 달렸음을 깨닫는다.

몇 년 전부터는 직장도 다니고 장애인 센터에서 장애인들의 자활 훈련을 돕는 활동가로 일하고 있다. 자매님 같은 장애인들의 복지를 위해 헌신하고 싶다면서 야간대학 사회복지과에 입학해서 벌써 졸업반이다. 신앙생활 한지 어느덧, 10여년이 지났다. 나이로는 가장 어리지만, 신앙적으로는 선배로서 청년부 회장을 맡아 청년들을 섬기고 있다. 주일에는 예배 찬양을 인도하고 주일 점심식사 후에는 성경 통독 인도자로 성도님들을 섬기고 있다.

목사님, 시간 있으세요?

자매님께서 가끔 전화로 나에게 데이트를 요청한다. 함께 식사하자는 뜻임을 알고 나는 기쁘게 대답하곤 한다. "자매님께서 원하신다면 없는 시간도 만들어야지요." 라고 하면서.

나는 행복하다. 이제는 사랑으로 남을 섬길 정도로 자랐다는 사실이 대견하다. "키울 때는 힘들었지만 키워 놓으니까 좋네, 밥도 사주고." 라고 말하면 웃는다.

갈릴리 교회 성도님들은 모두가 이처럼 약한 지체들이다. 그런데 하나님께서는 그들을 통해서 일하신다. 그들에게 하나님의 사랑을 부어주신다. 그리고 그들을 물질의 통로로 사용하시고 복음의 통로로 사용하시고 기도의 통로로도 사용하신다. 그들에게서 오히려 내가 은혜받는다. 그들은 모두가 천사다. 육신의 장애가 장애자가 아니라 멀쩡한 육신을 갖고서 정신적으로 영적으로 장애가 있는 사람들이 정말 장애자가 아닐까. 나는 그들에게 말한다. "자매님이 자매님 가정의 복덩이입니다." "성도님이 성도님 가정의 복덩이입니다." "여러분이 우리 갈릴리 교회의 복덩이입니다" 라고. 사람들은 외모만 보고 판단하지만, 중심을 보시는 하나님은 인간의 연약함을 통해서 일하신다.

"형제들아 너희를 부르심을 보라 육체를 따라 지혜로운 자가 많지 아니하며 능한 자가 많지 아니하며 문벌 좋은 자가 많지 아니하도다. 그러나 하나님께서 세상의 미련한 것들을 택하사 지혜 있는 자들을 부끄럽게 하려 하시고 세상의 약한 것들을 택하사 강한 것들을 부끄럽게 하려하시며 하나님께서 세상의 천한 것들과 멸시받는 것들과 없는 것들을 택하사 있는 것들을 폐하려 하시나니 이는 아무 육체도

하나님 앞에서 자랑하지 못하게 하려 하심이라"고전1:26-9

"십자가의 도가 멸망하는 자들에게는 미련한 것이요 구원을 받는 우리에게는 하나님의 능력이라"고전1:18

13. 공자는 죽이고 예수는 살린다

정신병원의 입원 직전에서 예수님을 믿게 된 성도님이 계시다. 그분은 자신을 구원해 주신 은혜가 너무나 감사하다면서 어버이날만 되면 나에게 특별한 선물을 주신다.

내가 그분에게 처음 전도하러 갔을 때는 문전 박대를 당했다. 방안에는 제기들이 가득 쌓여 있었고, 1년에 열두 번도 더 제사를 지내야 하는 장손 집 맏며느리이기 때문에 "예수는 절대 안 된다"고 손을 절레절레 흔들던 분이었다. 몇 차례 문전 박대를 당했지만 계속 찾아갔다.

어느 날은 드디어 방안에까지 입성하게 되었다. 방 안에 들어가니 장애가 있어 걷지 못하고 기어다니는 아들이 한 명 있었다. 걷기는커녕 말도 하지 못하고 머리를 방바닥에 연신 찧어대면서 기어다녔다. 마음이 아파서 그 집에 갈 때마다 그 아이를 품에 안고 걷고 뛰게 해달라고 간절히 기도했다. 하나님께서 모든 사람을 사랑하시지만, 특별히 이 아이를 무척이나 사랑하시는 것 같았다. 절대로 예수는 안 믿는다고 손사래 치시던 분이 아이들을 데리고 교회를 나오기 시작했다. 그 집의 아이들 4명이 오자 주일학교가 금방 부흥이 되었다. 그 아이는 하나님 은혜로 걷기 시작했고 찬양을 좋아했으며 율동도 곧잘 따라 했다.

그러나 남편의 완강한 반대에 부딪히게 되었다. 이혼하든지 예수를 택하든지, 둘 중의 하나를 택하라는 남편의 엄포에도 무서워하지 않고 그분은 신앙을 지켰다. 교회에 나온 지 몇 달이 안 되어 제기가 본가로 옮겨졌다. 성령의 역사가 강하게 나타나자 남편의 핍박은 더 심해졌다. 심지어는 생활비조차 주지 않고 애들도 보육원에 내다 버리고 이혼하자고 협박했지만, 그녀는 눈 하나 깜짝하지 않았다.

어느 주일은 예배를 드리고 있는데 남편이 예배당까지 쫓아왔다. 그녀는 성도들이 보는 앞에서 폭력까지 당했지만 믿음을 굽히지 않았다.

그런 남편이 손을 들고 항복하였다. 이제껏 자신의 삶을 옥죄고 있던 유교와 불교의 올무들로부터 자유 함을 얻고 이제는 새 생명을 얻어 살길이 열렸는데 절대로 신앙을 포기하지 못한다는 아내의 일사 각오에 남편도 손을 들었던 것이다.

유교의 덫에 걸려서 남편과 시부모 앞에서 죄인처럼 살았던 지난날들, 결혼 후 심한 시집살이로 인한 상처 때문에 자신의 자존감과 정체감마저 잃어버리고 정신 병원에 입원하기 직전에 살길을 열어 준 예수님을 절대로 버릴 수 없다는 것이 성도님의 고백이었다.

이 마을에는 이러한 며느리들이 많다. 몇 년간 사역하면서 마을 분들을 통해서 며느리들의 애환을 들었다. 결혼한 아들을 떠나보내지 못하여 아들을 남편처럼 잡고 며느리를 과부처럼 살게 하여 그 상처로 자살한 며느리 이야기, 아들을 못 낳는 것이 죄가 되어 남편이 후처를 얻어도 가슴앓이하면서 평생을 한 맺힌 삶을 살아야 했던 어떤 어머니의 이야기, 시어머니로 인해 부부 사이가 금이가서 급기야 별거한 이야기, 이혼한 이야기, 모두가 유교의 희생물이었다.

마을의 여자 어르신들은 한 많은 인생을 살며 불평 한 번 못하고 운명으로 받아들이셨다. 남존여비 사상 때문에 밥상에서 밥 한 번 떳떳하게 드신 적이 없고, 어른들 보는 앞에서 자기 아이들을 예뻐하지 못하고, 부부가 서로 사랑을 나눠본 적도 없으신 어르신들은 젊은 세대와 시대를 이해하지 못하고 며느리들에게 자신들의 전철을 밟도록 강요하고 있었다.

나 자신도 시어머니와 유교적인 굴레로 인해 갈등이 많았다. 예수님을 믿는다면서도 유교적인 발상을 하시고 불교와 샤머니즘적인 사고의 틀을 벗어나지 못한 시어머니의 삶과 새 시대를 사는 며느리와의 삶이 종종 충돌을 일으켰다. 마을 분들도 시어머니를 동정했다. "시모는 밭에서 일하는데 며느리는 방에 들어앉아서 '랄랄랄'만 하고 있다"며 나를 가만두지 않았다. 이런 내 모습이 마을 분들 눈에 얼마나 거슬리셨을까?

그렇지, 방에서 말씀 읽고 기도하는 것도 사역이지만 밭에 가서 호미 들고 그분들을 도와서 일하는 것도 사역이다. 복음이 아니었으면 나는 시어머니가 계시는 이 마을에서 사역을 못 하고 포기했을 것이다.

"어리석도다 갈라디아 사람들아! 예수 그리스도께서 십자가에 못박히신 것이
너희 눈 앞에 박히 보이거늘 누가 너희를 꾀더냐? 내가 너희에게 다만 이것을
알려하노니 너희가 성령을 받은 것은 율법의 행위로냐 듣고 믿음으로냐?"갈3:1-2

"내가 또 말하노니 유업을 이을 자가 모든 것의 주인이나 어렸을 동안에는 종과
다름이 없어서 그 아버지의 정한 때까지 후견인과 청지기 아래 있나니 이와 같이
우리도 어렸을 때에 이 세상 초등 학문 아래 있어서 종노릇하였더니"갈4:1-3

충현 교회에서 사역할 때 담임 목사님께서 그렇게도 외쳤던 생명의 복음이
나를 강하게 붙잡아 주셨다. 그렇다. 기독교가 수양하고 도를 닦는 유교와 불교
아래에서 종노릇을 해서는 안 된다.

가정이 살아야 나라가 산다. 무너지는 가정을 살리고 나라를 세울 수 있는 것은
기독교 진리다. "공자는 죽이고 예수는 살린다"고 대한민국 모든 가정을 향해
외치고 싶다.

14. 완전히 딴사람이 된 지우 네 가족 이야기

아이 아빠, 엄마, 그리고 지우라는 이름의 아들, 이렇게 세 식구가 교회 근처 '원들'이라는 마을에 살고 있다. 지우 아빠는 알코올 중독자였으며 엄마와 지우는 지적 장애 3급이었다. 이들은 모두 항상 술에 취해서 살고 있었다. 지우 아빠는 술 때문에 창자가 구멍이 나서 수술까지 받았다. 지금은 알코올 치매로 치료 받고 있다. 엄마와 아들이 우리 교회 나오기 시작한 지 얼마 되지 않았을 때 다.

나는 경주 시내에서 그들과 버스를 타고 교회로 들어온 적이 있다. 기사 아저씨가 차에 올라타는 두 사람을 보더니 "아, 저 엄마랑 아들은 맨 날 술 마시고 버스 타더니 오늘은 어째 술을 안 마셨네?"라고 한다. "이제 이 사람들, 예수님 믿고 교회 다니기 시작했기 때문에 술 끊었습니다."라고 내가 말했다. 버스 기사가 다 알 정도로 온 식구가 술 마시던 가정이 예수님을 믿고 변했다.

"예수 안에서 거듭난 새사람은 새집에서 사네"

내가 처음 그 집에 전도하러 갔을 때는 다 무너져가는 초가집에 부엌에는 쥐들이 집 짓고 상주하고, 부엌인지 마구간인지 방인지 구별이 가지 않을 정도로 지저분했다. 제대로 된 이불이 없었고 때가 찌들고 너덜너덜해진 헝겊 쪼가리 같은 이불을 덮고 생활했으며 자신들의 몸을 깨끗하게 관리도 못 하여 눈살을 찌푸릴 정도였다. 그런 그들이 예수님을 믿고 교회 나오기 시작한 지 얼마 되지 않아 기적 같은 일이 일어났다. '사랑의 집짓기'에서 그 분들의 집을 깨끗한 집으로 다시 지어주었다. 그리고 집안 물건들도 모두 바꾸게 되었다. "새 포도주는 새 부대에 담아야 한다"고 하셨는데, "예수 안에서 새 사람은 새 집에 새 가구에서 사네."라는 감탄이 절로 나왔다.

집이 달라지니까 일단 가족들의 외모가 조금씩 달라지기 시작했다. 그러나 술은 여전히 끊지 못했다. 예배드리는 날도 술 냄새를 풍기면서 교회에 온다. 술을 마시고도 교회 와주는 것도 감사해서 싫어하는 내색을 못 했다. 예배 시간에는 나를 바라보고 울기도 하고 은혜를 받더니 어느 날은 "전도사님 나를 괴롭히던 귀신이 떠나간 것 같아요" 라고 고백한다.

그 집에서는 엄마가 그나마 제일 똑똑한 편이었다. 나는 그녀의 머리를 염색도 해 주고 집에 가서 설거지도 해 주고 집 안 청소도 해 주면서 살림살이 정돈하는 것과 자신의 몸을 관리하는 것을 사랑으로 가르쳐 주었다. 겸손히 잘 받아들이고 순종하며 잘 따라와 주는 것이 고맙고 예뻤다. 새벽 기도도 빠지지 않고 나왔다. 그러나 한글을 잘 읽지 못해서 새벽 예배는 이분 때문에 거의 한 시간이 걸렸지만 불평하는 사람은 없었다. 다행히 다른 성도님들이 사랑으로 이해를 해줬다. 지금은 성경을 줄줄 잘 읽으시고 성경 구절도 잘 외우신다.

하지만 은혜를 모르는 그 남편은 아내에게 "너, 교회 가서 살아라"며 옷도 태우고 핍박을 하는데도 그녀는 눈도 깜짝하지 않았다. 그런 어느 날 하나님은 어떤 손길을 통해서 옷을 한 보따리 챙겨 주셨다.

수급비를 받아 생활하면서도 항상 십일조를 먼저 뗀다."내가 하나님께 드리면 하나님께서 축복해 주시니 하나님께 드리는 것이 기뻐요"라면서. 하나님께서는 이 가정에 물질과 옷과 먹을 것을 풍성히 채워주셨다. 그러면 이 분은 또 그것들을 교회에 갖고 와서 나누고 섬기신다.

어떻게 하면 "하나님께서 기뻐하시는가?"를 이분은 체득하셨던 것이다. 아직은 술을 완전히 끊지 못하고 가끔 술을 들고 찾아오는 사람들이 있으면 거절하지 못하는 성품 때문에 몰래 술을 한 잔씩 마시는 것 같다. 언젠가는 완전히 끊게 될 것이라 믿는다. 그나마 이렇게라도 술을 줄이기까지 엄청난 영적, 육적 싸움이 있었다. 그 집을 중심으로 술 마시러 오던 발길들을 먼저 모두 끊었고 그런 사람들과의 교제를 모두 끊었다. 오직 교회 중심의 생활로 바뀌면서 술을 줄이게 되었다. 엄마가 술을 마시지 않으니 아들도 술을 마실 일이 없어졌다. 그리고 남편도 술을 마실 기회가 적어졌다. 술을 마시게 된 원인 제공자는 바로 이 집의 안주인인 엄마였다. 그런데 그 엄마가 예수님을 믿고 생활이 변하니 가정 분위기가 변했다. 물론 나와 우리 성도들이 기도하며 협력해서 도왔기 때문이기도 하다.

시골이라는 동네는 마을 사람들이 한 사람의 인생을 망쳐 놓는 것은 쉬운 일이다. 마을 사람들 모두가 이 가정에 술을 갖고 와서 함께 마신다. 지적 장애이다 보니 거절하지 못하고 주변 분들이 하는 대로 따라가게 되는 것이었다. 그러니 이 가정을 살리려면 술로 얽혀있는 관계들을 모두 잘라버려야 했고 당사자들을 하나님의 말씀과 기도로 회복시켜야 했다. 아들 친구들도 모두 지적 장애다 보니 아들도 친구들과 어울려서 술을 마셨다. 술을 마시고 싸움을 하고 112에 신고를 해서 경찰관이 출동하는 일이 다반사였다. 관할 파출소에서는 이 집이 소문이 났으며 경찰관들께서 목사인 나를 알 정도였다.

돈에 대한 개념이 없으니 돈 아까운 줄 모르고 방탕한 곳에 돈을 써버린다. 이런 관계들을 끊게 하고 술을 끊기까지 많은 해프닝이 있었다. 그러나 끝이 좋으면 다 좋듯이 지금은 이 가정을 바라보면서 하나님께 감사할 것 밖에 없다. 술에 쩌 들어서 시커멓던 얼굴이 변해서 예쁜 하나님의 사람으로 변했다. 외모도 단정해지고 집안 환경도 깨끗해졌다. 예전에 만났던 사람들은 변화된 그들의 모습을 보고 "그분 맞나?""완전히 딴사람이 되었네" 라며 눈이 휘둥그레져서 묻는다. 그 말을 들을 때마다 하나님께 영광이요, 나의 기쁨이 되고 위로가 된다.

15.이 마을에 교회가 있어야 하는 이유

하나님, 저 서울로 가고 싶어요

마구간 교회에 있을 때의 일이다. 경제적으로, 육신 적으로, 영적으로도 힘들어서 오직 서울로 올라가고 싶은 마음에 3일 작정하고 금식 기도를 했다. 하나님께 응답을 받기위해서였다. 3일째 되는 날 힘없이 예배당에 앉아 있는데 그랜저 승용차가 마구간 앞에서 멈추더니 멋진 여자 한 분이 쌀자루를 짊어지시고 검정 비닐봉지를 들고는 활짝 웃으면서 들어오셨다.

"전도사님, 저는 포항 ○○교회에 출석하는 ○○○권사입니다. 이웃 마을에 제 친정집이 있는데 포항에서 친정집에 가다가 이 마을에 십자가가 세워진 것을 보고 너무나 반가워서 오늘은 작정하고 전도사님을 찾아왔습니다. 이 마을에 교회가 생긴 것이 기적입니다. 제발 저희 친정 부모님들께 복음 전하시고 예수님을 믿도록 전도 좀 해 주세요. 부탁도 드릴 겸 인사하러 왔습니다." 이 마을에 교회가 있다는 사실이 너무나 기쁘다고 말씀하시면서 헌금 봉투와 함께 쌀자루와 비닐봉지에는 돼지고기를 사 왔다며 내놓으신다.

눈물이 비 오듯이 쏟아졌다. 차마 서울 가기 위해 금식 기도하고 있다는 말씀을 드릴 수가 없었다.

이후에 권사님을 다시 만났을 때 웃으면서 그 이야기를 했더니 "전도사님, 이 마을에 교회가 세워진 것을 하나님께서 기뻐하십니다. 이 마을에 죽어가는 영혼들을 구원하시라고 전도사님을 보내신 거니까 힘내시고 복음 전하세요. 저도 기도해 드릴게요."라며 위로를 하신다. 그 날 이후로 그 권사님의 친정 부모님께 열심히 복음 전하러 다녔고 권사님의 아버님과 어머님께서 예수님을 영접하셨다.

하나님은 이렇게 나를 달래셨다. 그리고 경주 땅에 주저앉게 만드셨다. 하나님께서 나를 붙잡아 주시지 않으셨다면 나 혼자의 힘으로 어떻게 이 척박한 땅에서 사역을 감당할 수 있었을까? 사람들은 개척 17년이 되었으니 교인이 몇 명이냐고 묻는다. 내 눈에 열매가 보이지 않는다. 그런데 이 우상 마을에 단지 십자가가 세워진 것만으로도 하나님은 기뻐하시는 것 같다. 이것이 마을에 교회가 존재해야 하는 이유다. 그리고 내가 이 마을에 존재하는 이유다.

하나님 제가 돈을 벌 수 있도록 해 주세요

2009년부터 2011년까지의 3년은 내 인생에서 가장 바쁜 시기였다. 시간도, 에너지도, 물질도 가장 많이 필요했는데 하나님께서 가장 많은 것들을 공급해주신 시간이기도 하다.

2010년도에 하나님의 은혜로 그동안 모은 헌금과 물질들을 모두 털어서 작은 예배당을 지을수 있었다. 항상 힘든 부분은 경제문제였다.

어느 날, 집안일로 주민센터를 방문했는데 마음속에 갑자기 이런 소원이 생겼다. "하나님, 제가 돈을 벌 수 있도록 해 주세요. 글을 써서 돈을 벌 수 있도록 해주세요." 갑자기 글을 써서도 돈을 벌 수 있겠다는 생각이 들었다. 그렇다. 글을 쓰면 돈도 벌 수 있고 사람들에게 복음도 전할 수 있으니 얼마나 좋은가? 그런 생각을 하면서 주민센터 게시판을 바라보는데 눈이 번쩍 뜨이는 공고문이 내 눈에 들어왔다. 〈대한 어머니회〉 주최로 "저출산 극복을 위한 수기 공모"를 한다는 것이다. 그리고 당선작은 상금까지 있단다.

"와-우! 돈을 벌 기회다!"

그 날 밤을 거의 꼬박 새우다시피 하면서 초안을 잡았다. 이틀을 매달려서 글을 완성하고 우편으로 보낸 후 기도했다. "장려상이라도 받았으면 좋겠습니다."

그리고 어린아이처럼 발표 날을 손꼽아 기다렸다. 드디어 연락이 왔다.

"최우수상!"

아이들에게 제일 먼저 이 기쁜 소식을 전했다. 수상식에는 남편과 같이 오라고 했지만, 항상 바쁜 남편은 동행하지 못했다. 상금도 받았다. 지금도 내 책꽂이에 그 작은 책자가 보물처럼 꽂혀있다.

화가가 하나님의 작품인 아름다운 자연을 붓으로 실물처럼 묘사해내듯이 하나님의 사랑하심과 은혜와 영광들을 글을 통해서 잘 묘사해서 사람들에게 하나님의 사랑과 은혜와 하나님 살아계심을 전하고 싶다. 그런데 지금 나는 그 일을 이루어가고 있는 것이다.

16. 작은 텃밭이 주는 교훈

자연을 통해 깨닫게 하시는 하나님의 말씀

시골에 와서 사역하면서 하나님께서는 자연을 통해 하나님의 말씀을 쉽게 깨닫게 하셨다. 이것도 하나님의 은혜 중에 하나다. 경주에 오기 전에는 농사에 대해 전혀 문외한이었는데 시골에서 사역하면서 농사에 관심을 갖게 되었고 작은 텃밭도 가꾸게 되었다. 교회에 딸린 작은 텃밭에 뭔가를 심지 않으면 봄부터 가을까지 잡초가 우거진다. 가을이 되면 그 잡초를 뽑기가 더 힘들어진다. 아예 뿌리를 깊숙이 내리고 터를 잡기 때문이다. 혼자서 전도하고 심방하고 모든 일을 해야 하기 때문에 한가하게 잡초를 제거할 시간이 없다. 성도님들도 자신들의 농사만 해도 힘든데 교회 제초작업까지 부탁할 수 없었다. 시골에는 모두가 농사짓는 일만 해도 힘들다.

텃밭에 잡초가 나지 않게 하려면 뭔가를 심어야 했다. 제초제를 뿌리면 땅이 죽으니까 환경보호를 위해서도 결코 바람직하지 않다. 비닐을 씌우고 곡식 종류를 심었더니 그곳에는 잡초가 나지 않았다. 빈 땅에는 무조건 뭔가를 심어야 잡초가 나지 않는 것을 알았다. 잡초는 어찌나 잘 자라는지 번식력이 곡식보다 왕성하다.

우리의 심령에도 하나님의 말씀이 심겨지지 않으면 잡초가 우거진다. 그리고 날마다 제초 작업을 하지 않으면 어느새 심령에 잡초가 우거지게 되고 잡초가 우거지면 들짐승들이 우글거리게 된다. 그렇기 때문에 우리는 매일 매일 우리의 마음 관리를 잘해야 하고 잡초를 제거해야 한다. 하나님의 말씀, 곧 예수 그리스도로 채우지 않으면 어느 순간 악한 마귀가 우리의 마음에 악한 가라지를 뿌린다.

"더러운 귀신이 사람에게서 나갔을 때에 물 없는 곳으로 다니며 쉬기를 구하되 쉴 곳을 얻지 못하고 이에 이르되 내가 나온 내 집으로 돌아가리라 하고 와 보니 그 집이 비고 청소되고 수리되었거늘 이에 가서 저보다 더 악한 귀신 일곱을 데리고 들어가서 거하니 그 사람의 나중 형편이 전보다 더욱 심하게 되느니라 이 악한 세대가 또한 이렇게 되리라" 마12:43-45

"무릇 지킬만한 것보다 네 마음을 지키라 생명의 근원이 이에서 남이니라" 잠4:23

마음 밭에 따라 달라지는 열매처럼

강원도 감자는 어느 지역에 심어도 강원도 감자가 되는 줄 알았다. 어느 해 봄에 강원도 감자 씨를 구해서 심었는데 수확 철이 되어 감자를 캐어 삶아보니 강원도 감자가 아니었다. 사람들에게 그 이유를 물었다. 강원도 감자는 씨가 따로 있는 것이 아니라 강원도 감자를 만드는 것은 밭이라는 것을 알게 되었다. 아무리 씨가 강원도 감자 씨라도 밭이 강원도 밭이 아니면 강원도 감자가 될 수 없다는 것이다. 밭이 씨만큼 중요하다는 것을 알게 되었다. 그렇다. 똑같은 복음의 씨앗이지만 그 복음의 씨앗을 받아들이는 마음 밭에 따라 열리는 열매가 다르게 나타나지 않는가? 하나님의 진리가 자연을 통해서 그대로 나타나 진다는 사실이 놀랍다.

우리의 심령이 옥토 밭이 되어야 하고 옥토 밭에 복음의 씨앗이 떨어졌을 때 삼십, 육십, 백배의 결실을 보는 것이다. 우리의 심령이 옥토 밭이 된다는 것은 곧 예수 그리스도의 마음이 된다는 것이다.

"또 새 영을 너희 속에 두고 새 마음을 너희에게 주되 너희 육신에서 굳은 마음을 제하고 부드러운 마음을 줄 것이며 또 내 신을 너희 속에 두어 너희로 내 율례를 행하게 하리니 너희가 내 규례를 지켜 행할지니라"겔36:26-27

잡초는 뽑는 시기가 있다

텃밭에 내가 좋아하는 팥을 조금 심었다. 바빠서 미처 비닐을 덮어씌우지 않고 두었더니 주변에 잡초가 나기 시작했다. 당장에 잡초를 뽑았다. 팥 모종이 이제 겨우 잎이 몇 개 나오고 아직 어린데 잡초 뿌리와 얽혀 있다는 사실을 모르고 성급하게 잡초를 뽑았더니 팥 모종까지 뽑히게 되었다. "아하, 이렇기 때문에 가라지를 뽑지 말고 추수 때까지 두라고 말씀하시는 것이구나." 하나님 말씀이 생각나서 그냥 두었다. 팥이 어느 정도 자라고 열매를 맺게 되었을 때는 잡초도 많이 자랐다. 그렇지만 팥이 자란 후에는 잡초를 뽑아도 팥이 이미 뿌리를 든든히 내리고 있었기 때문에 잡초를 뽑았지만, 팥이 덩달아 뽑히는 일은 없었다.

"천국은 좋은 씨를 제 밭에 뿌린 사람과 같으니 사람들이 질 때에 그 원수가 와서 곡식 가운데 가라지를 덧뿌리고 갔더니 싹이 나고 결실할 때에 가라지도 보이거늘 집주인의 종들이 와서 말하되 주여 밭에 좋은 씨를 심지 아니하였나이까 그러면 가라지가 어디서 생겼나이까 주인이 가로되 원수가 이렇게 하였구나 종들이 말하되 그러면 우리가 가서 이것을 뽑기를 원하시나이까 주인이 가로되 가만두어라 가라지를 뽑다가 곡식까지 뽑을까 염려하노라 둘 다 추수 때까지 함께 자라게 두어라 추수 때에 내가 추숫군들에게 말하기를 가라지는 먼저 거두어 불사르게 단으로 묶고 곡식은 모아 내 곳간에 넣으라 하리라" 마13:24-30

17. 빌려온 그릇

경주에 오기 전에 경주 땅을 위해 기도하면 환상으로 많은 그릇을 보여 주시곤 하셨다. 그릇들은 일꾼들을 의미하는 것인데 경주에 비록 혼자 가지만 하나님께서 많은 동역자를 예비해 두신 것을 꿈으로 환상으로 보여 주신 것 같다.

사역 초반에, 서울에서 온 젊은 여자 전도사가 시어머니댁 위채에 십자가를 걸고 복음 전한다는 소문을 듣고 이웃 교회 성도들이 기도 받으러 모여들었다. 서울서 왔다니까 무슨 큰 능력이라도 가진 신령한 목회자인 줄 알고 찾아온 것 같았다. 그러나 사도 바울의 말씀이 생각나서 그분들이 갈릴리 교회를 찾아오는 것을 제지했다.

"나는 예수 믿지 않는 분들께 복음 전하러 온 것이지, 믿는 자들에게 복음 전하러 온 것이 아닙니다. 우리 교회에 오시지 마세요."

숙 자매

이웃 교회들이 나에 관해 수근대며 좋지 않은 소문이 돌았다. 교회 장로님들께서 나를 이단, 삼단이라는 것이다. 그나마 모든사람들에게 객관적으로 검증할 수 있는 대형교회 심방 전도사로 사역했다는 전적이 방패가 되었다.

이웃 교회 집사님 한 가정이 기도의 응답을 받았다면서 갈릴리 교회를 돕겠다고 우리 마을로 아예 이사를 오셨다. 그분은 새벽기도에 열심히 참석하고 함께 철야기도를 했다. 하나님께서 1년 동안 혼자 기도하게 하시더니 기도의 동역자를 붙여주신 것이다. 그 집사님께서 기도하고 은혜를 받으시니 친하게 지내시는 기도꾼 권사님을 모시고 왔다. 기도에 갈급한 분들이 밤마다 모여서 기도하게 되었다. 타 교회 분들이라 마음이 편치 않았지만 우리 교회에서는 기도만 하고 돌아가서 본인들의 교회를 잘 섬기니 다행이었다. 하나님께서는 내

불편한 마음을 아셨는지, 계속 열왕기하 4장 1-7절 말씀을 생각나게 하셨다.

가난한 과부가 살기 힘들어졌을 때 엘리사가 그 여인더러 이웃집에 가서 그릇을 많이 빌려오게 하고 그 빌려온 그릇들에 기름을 가득가득 채워서 갖다 팔아서 생활에 보태쓰게 한 이야기다. 왜, 하나님께서 이 말씀을 자꾸 생각나게 하실까? 곰곰 생각하니 내가 바로 그 과부 여인과 같은 입장이었고 이교회 집사님과 권사님들은 빌려온 그릇들이었다.

"그래, 우리 교회는 가난하고 일꾼도 없으니까 이웃집 그릇들을 빌려다 쓴다고 생각하자."

기도꾼 권사님은 초교파적으로 일하시는 것을 좋아하셨다. 이단만 아니면 은혜가 있는 곳은 어디든지 가서 기도하고, 누구든지 원하면 함께 전도하러 다니시는 분이셨다. 우리 교회에 일꾼이 세워질 때까지 함께 기도하고 함께 전도하고 함께 심방도 다니셨다. "하나님의 교회는 다 똑같은데 뭐가 문제입니까? 약한 교회를 도와야지요." 라고 하시며 기쁜 마음으로 우리 교회를 도우셨다.

이분들은 이웃에서 빌려온 귀한 그릇들이었다. 교회가 기도로 터를 닦기까지 일정기간을 매일 기도로 동역하신 분들이었다. 네분의 이름 끝 자가 모두 "숙"자였다. 그래서 "숙"자매라고 부르면서 웃기도 하였다. 지금은 갈릴리 교회에서의 당신들의 사명을 잘 마치시고 본 교회를 잘 섬기고 계신다. 참 귀한 동역자 들이었다. 아름다운 향기나는 "향숙", 진국이라 "진숙",.....이름처럼 믿음들도 예뻤다.

하나님의 일은 혼자서 못 한다. 지금의 갈릴리 교회가 세워지기까지 하나님께서는 이 분들 외에도 많은 동역자를 붙여주셨다. 지금도 많은 동역자들이 기도로 물질로 도우신다.

18. 나의 천사들

갈릴리 교회는 연약한 자들뿐이다. 그렇기 때문에 하나님께서 다 귀히 여기시는 것 같다. 지체 장애나 지적 장애자들이며, 가정환경도 모두 어렵다. 많이 배우지 못한 분들이니 성경 말씀을 읽는 것도 힘들어하시고 아예 숫자와 한글을 모르시는 분들은 읽는 것조차 포기하신다. 찬송가 가사를 한 구절 한 구절 읽으시고 성경 말씀을 다 읽고 나면 새벽 기도회 시간이 적어도 두 시간이 걸린다. 몇 분 안 되었지만 숫자와 글자를 배우려는 성도님들을 바라보면서 차마 그냥 넘어갈 수가 없다. 오히려 내가 지질 때가 있다. 해야 할 일들이 많아서 마음이 조급할 때든지, 은혜가 떨어질 때는 슬그머니 역정이 날 때도 있다.

"하나님, 이분들과 겨우 성경 읽기하고 한글 공부하는 거로 이렇게 시간을 보낼 바에야 저를 왜? 그렇게 공부를 많이 하게 하셨나요? 한글 정도만 가르칠 수 있도록 해서 저를 이곳에 보내셨어도 되잖아요? 일반대학, 대만유학, 신학대학, 신대원, 선교대학원, 대체 제가 몇 년 동안 공부했나요? 이렇게 공부를 많이 했는데 정작 저는 한글을 가르치고 있고 공부한 것들은 아무 소용이 없는 것

같네요."라며 은근히 불평하는 나에게 어느 날 하나님께서 깨닫게 하셨다.

"하나님인 내가 높고 높은 보좌를 버리고 낮고 비천한 너한테 찾아왔다. 네가 어리석고 미련하고 내 말을 못 알아듣고 나랑 수준이 맞지 않았지만 나는 너에게 불평 한마디 하지 않았고 네가 깨달을 때까지 기다리고 인내하며 너를 사랑으로 용납했단다. 그런데 너의 모습은 보지 못하는구나"

우리의 눈높이로 찾아오신 성육신 하신 하나님께서 나를 겸손히 낮춰 놓으시려고 작업하심을 깨닫게 하셨다. 깨닫고 회개하고 나니 새벽마다 한글과 씨름하는 시간이 감사했다. "하나님, 나 같은 것을 사용해주시는 것만으로도 감사합니다."

하나님의 은혜가 아니면 우리가 어떻게 하나님의 일을 감당할 수가 있는가? 서울로 도망가고 싶은 마음이 간절했지만, 예배 시간에 나를 바라보면서 눈물짓는 성도님들 한 분 한 분 때문에 발목이 잡혔다. 글자는 모르지만 하나님께서는 그분들에게 말씀을 들을 수 있는 영의 귀를 열어주셨다.

천사들의 기쁨

할머니 한 분을 전도하려고 기도하며 몇 달째 찾아갔다. 어느 날 감기로 누워 계시는 할머니께 명태 한 마리를 사서 무와 파를 넣고 시원하게 국을 끓여서 들고 갔다. 감사하다는 말씀을 연신 하시면서 국을 맛있게 다 드시더니 대뜸 예배당에 함께 가겠다고 말씀하셨다. 그때의 기쁨은 말로 표현할 수가 없다. 사역자들은 이 맛에 전도하고 심방하고 하나님의 심부름을 하는 것이다. 아흔아홉 마리 품 안에 있는 양보다 한 마리 잃어버린 양을 찾았을 때 하나님께서 얼마나 기쁘시면 하늘에서 잔치를 배설하실까?

주일 날 예배드리기 위해 모시고 오는 길에 그분이 나를 불러 세우신다.

"전도사요, 우리 사위랑 종씨네요,"

"네?" 내가 의아해서 할머니께 여쭈었다.

"사위분 성씨가 어떻게 되나요?"

"전 씨요, 전도사님도 전 씨고 우리 사위도 전 씨니까 종씨 아인교? 전 씨들은 모두 마음씨가 참 좋아요. 우리 사위도 마음씨가 착하니데이"

얼마나 웃었는지 모른다. 사람들이 나를 "전도사님" 이렇게 부르니까 내 성을 "전 씨"로 아셨다. 이 분은 숫자도 글자도 모르시는 분이셨다. 그렇지만 듣는 귀가 열려서 예배 시간마다 은혜를 많이 받으셨다.

갈릴리 교회 성도들은 이처럼 연약한 분들이시지만, 나에게는 모두 천사들이다. 나는 이 분들을 통해서 하나님의 사랑을 보게 되고 이 분들의 어린아이와 같은 모습들에 오히려 은혜를 받는다. 그리고 이분들 때문에 사역이 행복하다.

"예수께서 한 어린아이를 불러 저희 가운데 세우시고 가라사대 진실로 너희에게 이르노니 너희가 돌이켜 어린 아이들과 같이 되지 아니하면 결단코 천국에 들어가지 못하리라. 그러므로 누구든지 이 어린 아이와 같이 자기를 낮추는 그 이가 천국에서 큰 자니라"마18:2-4

19. 가장 귀한 보화를 발견하다

"천국은 마치 밭에 감추인 보화와 같으니 사람이 이를 발견한 후 숨겨 두고 기뻐하여 돌아가서 자기의 소유를 다 팔아 그 밭을 샀느니라"마13:44

나는 육신의 질병으로 부르짖어 기도하다가 보화 되신 예수님을 만났다. 마태복음 13장 44절에 나오는 농부처럼 이 보화를 발견한 나에게 하나님께서는 값을 치르고 그 보화를 소유하게 하셨다. 농부는 보화를 발견한 후 주저하지 않고 기꺼이 자신의 모든 소유를 다 팔아서 그 보화를 샀다. 값을 주고 산 물건은 값을 치른 만큼의 가치가 있다. 그래서 은보다는 금이, 금보다는 다이아몬드가 더 값진 것이다. 우리는 보화 되신 예수님을 소유하기 위해 얼마큼의 대가를 치렀는가? 치른 만큼 예수님은 귀한 존재가 될 것이다.

나는 예수님을 믿고 전토를 버리게 하셨고 가족까지 버리게 하셨다. 하나님의 말씀에 순종하여 버릴 수 있다는 것은 나의 것이 아님을 인정한다는 것이다. 나의 물질도 나의 생명도 내 가족조차도 내가 주인이 아니라 하나님께서 주인이심을 인정할 때 버릴 수 있으리라. 버린다는 것은 하나님께 전적으로 맡긴다는 의미이다.

서울에 두고 온 가족

경주에서 사역하면서 가장 힘든 부분이 내 가족의 문제였다. 내가 서울에 있는 교회에서 사역하는 그 당시 하나님은 나에게 "경주로 가라"고 하셨다. 그 음성을 듣고 가족 때문에 고민하다가 수석 목사님과 상담했다. "남편은 경주에서 사역하는 것을 동의했지만 경주에 함께 내려가지는 않겠다고 하니 주마다 주말에만 경주로 내려가서 주말 사역을 해도 괜찮지 않느냐"고 조언을 주셨다.

나는 교회를 사임하고 주말마다 경주에 내려가서 사역하고 서울로 올라왔다. 그때 아들 이삭 이는 4살, 하은이는 5학년이었다.

주말마다 내려가서 사역하는데도 하나님께서 성도님들을 보내주셨다. 성도님들이 한 사람도 오지 않으면 포기하고 서울로 올라 갔을 텐데 성도님들을 보내주시니 수요예배를 드리게 되었고 금요 기도회도 하게 되었다. 적은 숫자지만 성도님들이 계시니 새벽 예배도 드려야 했다. 그러다 보니 서울에 있는 시간보다 경주에 있는 시간이 점점 많아지게 되고, 가정을 챙길 수가 없게 되었다. 가족들은 불평하지 않았고 남편은 당연한 듯 아내인 나를 대신하여 아이들을 챙겼다.

20. 십자가 지겠습니다

남편 사업이 부도가 났는데 하나님께서 경주로 가라고 말씀하셨다. 그나마 교회에서 심방 전도사로 사역하면서 사례비라도 받아야 우리 가족이 생활할 수 있는데 오히려 하나님께서는 그것조차도 그만두고 경주로 가라고 하신다. 경주는 나의 고향이다. 예수님을 믿으면서 하나님께서는 경주 땅을 위해 기도하게 하셨고 나를 준비시키셨다.

예수님을 믿은 지 얼마 되지 않은 초 신자 때의 일이었다. 본 교회에서 부흥 집회가 열렸는데 엄청나게 은혜를 받았다. 하나님께서 "십자가를 지겠느냐?"고 물으셨다. 성령의 은혜에 사로잡혀 있던 나는 두 손을 높이 들고 "아멘! 십자가를 지겠습니다."라고 고백했다. 신혼 초에 예수님을 믿고 결핵성 가슴막염을 치료받은 후 아기를 가지기를 원했지만 자궁질환으로 계속 유산이 되었는데 하나님께서는 부흥집회를 통해 나의 자궁의 병을 고쳐주셨고 하은이를 선물로 주셨다. 십자가를 지겠다고 고백은 했지만, 하나님께서 지라고 하신 십자가가 어떤 십자가인지? 분명하고 확실하게 알지 못했다. 남편이 나를 힘들게 하면 "내 남편이 십자가인가?" 생각했고, 자식들이 나를 힘들게 하면 "자식이 나의 십자가인가?" 생각했다.

그러다가 내가 지고 갈 그 십자가가 무슨 의미인지를 깨달은 것은 10여년이나 지나서였다. 경주가 나의 십자가였다. 하나님께서는 예수님께서 예루살렘에 십자가 지시고 죽으러 가셨던 것처럼 나에게도 경주 땅에 죽으러 가기를 원하셨다.

> "이에 예수께서 제자들에게 이르시되 아무든지 나를 따라오려거든 자기를 부인하고 자기 십자가를 지고 나를 좇을 것이니라 누구든지 제 목숨을 구원코자 하면 잃을 것이요 누구든지 나를 위하여 제 목숨을 잃으면 찾으리라" 마16:24-25

21. 우리가 붙잡을 것은 하나님의 약속말씀

하나님께서는 우리가 여러 가지 연단을 통과하게 하신다. 연단을 통해 예수님을 인격적으로 만나게 하시고 결국은 "예수님 한 분만으로 만족합니다."라는 고백을 하게 하신다.

나에게도 이러한 하나님의 계획이 있으셨다. 몇 년간의 연단을 통해 나의 물질도 내 가족도 생명도 내 것이 아니라 하나님의 것임을 고백하게 하셨다. 나의 것이 아니기에 하나님께서 내어놓으라고 하시면 언제든지 우리는 하나님 앞에 내어놓을 준비가 되어 있어야 할 것이다. 하나님께서는 하나님의 주권을 철저하게 인정하게 하시고 우리에게 사명을 맡기신다.

예수님께서 예루살렘에 죽으러 올라가셨듯이 경주땅에 십자가 지고 죽으러 가라고 말씀하셨다. 아이를 유산하고 병원에도 못 가고 누워있는 나를 하나님께서 사명자로 부르셨다. 고린도후서 4장 7절 말씀을 주시면서 꺼져가는 등불 같은 나의 생명을 십자가에 내놓으라고 말씀하셨다. 그 때 나는 나의 생명이 하나님의 것임을 깨닫게 되었고 십자가에 나의 생명을 내놓겠다고 하고 신학을 하겠다고, 그리고 경주 땅에 전도사로 가겠다고 말씀드렸었다.

신학을 마치고 심방 전도사로 사역하던 중, 남편의 사업이 부도가 났다.

경주로 가겠습니다

남편의 문제를 위해 새벽에 기도하던 중, 하나님께서 마태복음 21장 2-3절 말씀을 생각나게 하셨다. 충현교회 심방 전도사로 사역한 지 2년 된 애송이 전도사인 내가 바로 어린 나귀라고 하셨다. 그리고 어린 나귀인 나를 "주께서 쓰시겠다"고 말씀하셨다. 요한일서 2장 15절 16절 말씀을 생각나게 하시면서 나로 하여금 회개하게 하셨다. 그리고 "경주로 가겠습니다"고 하나님께 약속했던 그 약속을 기억나게 하셨다. 하나님께서 경주로 가기를 원하셨다. 내가 왜, 가족을 모두 버리고 경주에 사역하러 가게 되었는지, 그 당시는 아무도 알지 못했고 이해하지도 못했다. 하나님과 나만의 비밀을 남편은 알지 못하고 이해가 되지 않았음에도 항상 내 편이 되어 주었음에 감사드린다.

갑작스럽게 심방 전도사로서의 사역을 접고 경주로 가면서 모든 사람으로부터 나는 버림을 받았다. 하나님의 뜻을 알지 못하는 친정 식구들과 시집 식구들, 심지어는 믿음의 사람들조차 나를 비난했다. 가까이 지내던 목사님 한 분도 가족들이 있는 서울로 가는 것이 옳다면서 만나기만 하면 나를 흔드셨다. 마을 분들은 "예수한테 미쳐서 남편도 자식도 버리고 온 여자"라면서 노골적으로 핍박했다. 하나님의 말씀에 순종하면서 나는 완전히 죄인 중에 괴수가 되었고 모든 사람에게 버림받았다.

나는 날마다 철야하면서 울었고, 때때로 금식했다. 사업 부도로 실의에 찬 남편은 방황했고, 아이들은 어린데 그런 와중에 나까지 모든 것을 버리고 경주로 가라니, 날마다 울었다. 서울에 있는 가족이 사는 집은 1년이 넘도록 월세를 못

내어 집주인이 집을 비우라고 독촉하고 그렇지 않으면 쫓아내겠다고 매일같이 오는 전화에 견디다 못한 남편은 '죽는다'며 5년을 방황했다.

하나님, 우리를 살아있게 하셔서 감사합니다

5년이 지나서 보니 살아 있는 것이 너무나 감사했다. 날마다 "하나님 나를 살아 있게 하셔서 감사합니다."라고 감사기도를 드렸다. 지금은 가정도 안정이 되고, 어릴 때 엄마와 떨어졌던 아이들이 이제는 부모의 손이 가지 않아도 될 나이로 다 잘 자랐다.

사람들은 말한다. "남편 되시는 집사님께서 하늘의 상이 더 클 것입니다"라고, 그렇다. 남편의 협력과 외조가 없었다면 갈릴리교회가 세워지지 못했을 것이다. 하늘의 상뿐 아니라 이 땅에서도 상이 클 것이다. 하나님께서 그 귀한 독생자 아들을 이 땅에 보내셔서 십자가 위에서 피 흘려 돌아가시게 하지 않고서는 어떻게 온 인류가 구원받을 수 있었겠는가? 하나님의 일은 희생과 수고가 따라야 열매가 나타나리라. 그렇지만 그 희생과 수고에는 분명히 상급이 있다고 믿는다. 금생과 이생에서도 분명한 약속이 있기에 그 약속을 붙들고 믿음으로 이 길을 걸어갈 수 있는 것이다.

"내가 진실로 너희에게 이르노니 나와 및 복음을 위하여 집이나 형제나 자매나 어미나 아비나 자식이나 전토를 버린 자는 금세에 있어 집과 형제와 자매와 모친과 자식과 전토를 백 배나 받되 핍박을 겸하여 받고 내세에 영생을 받지 못할 자가

하나님의 약속말씀이 이루어 가고 있음을 내 눈으로 보고 있다. 그리고 날마다 기도한다. 하나님! 하나님께서 분명히 약속하셨사오니 부끄럼 당하지 않도록 나의 삶과 나의 가정을 책임져 주시옵소서. 하나님께서 약속을 지키셔야 많은 사역자가 말씀에 순종하여 사역하지 않습니까? 하나님께서 약속하신 말씀대로 나의 삶에 나타나지 않으면 누가 자신의 것들을 희생하고 버리면서까지 예수님을 따라가겠습니까? 하나님의 약속말씀이 이뤄짐을 꼭, 보게 하옵소서!

오늘도 마가복음 10장 29~30절 말씀을 붙들고 기도한다. 그리고 성도님들에게 "당신들의 영혼이 얼마나 귀중하기에 하나님께서 내 가족도 버리고 당신들에게 와서 복음 전하게 하셨겠느냐?"고 말하면 숙연해지고 은혜를 받는다.

봄 : 소망

겨우내 감춰뒀던

예쁜 옷들

한껏 차려입고

제각기 뽐내는 하나님 솜씨

아찔하니 내 마음 뺏겨버린

현란한 봄 축제

마음 한편에 숨겨뒀던 씨알 하나

덩달아 봄꽃되어 피어난다.

진달래꽃

산골짝 깊은 곳

수줍은 듯

숨어 피는 진달래꽃

치맛자락 묻어나는 숨은 사연들

굽이굽이 돌아서 메봉우리까지

진달래꽃

발갛게 숨차도록 달려간다.

에필로그

"복음을 전하는 자들은 복음으로 말미암아 살리라."

어느 목사님께서 개척교회 시절에 쌀이 없어 한 달 내내 국수만 먹었다고 하시는 말씀이 생각납니다. 개척교회 목회에 어려운 문제들이 많겠지만 가장 힘든 부분이 경제일 것입니다. 저 역시도 하나님께서는 있으면 먹고, 없으면 안 먹도록 훈련을 시키셨습니다. 세탁기가 고장 나서 손빨래를 하면서도 감사하게 하셨고, 냉장고가 고장 나서 얼음을 얻어다가 아이스박스에 넣고 생활하도록 하셨습니다.

밑바닥까지 내려놓고 훈련하시기에 "아프리카나 가난한 나라에 선교사로 보내시려나?"라고 생각했었습니다. 전기세가 없어서 기도하게 하셨고 보일러 기름이 없어서 냉방에서 떨며 기름 살돈 달라고 기도하게 하셨습니다. 그렇게 훈련하시면서 물질의 주인이 하나님이심을 알게 하셨고 가장 귀한 예수님과 깊은 교제를 하게 하셨습니다.

어떤 성도들은 "목사님들은 대접받을 줄만 알고 대접할 줄은 모르신다"고 말합니다. 그러면 저는 "당연하지요, 세상에 나가서 열심히 일해서 돈 버는 성도님들이 목사님을 대접하고 목회자들은 돈 대신 말씀과 기도로 성도님들을 대접하고 있잖아요?"라고 말합니다.

복음 전하는 자들은 복음으로 말미암아 살리라고 하나님께서 말씀하셨습니다.

"누가 자비량하고 병정을 다니겠느냐? 누가 포도를 심고 그 실과를 먹지 않겠느냐? 누가 양떼를 기르고 그 양 떼의 젖을 먹지 않겠느냐? 내가 사람의 예대로 이것을 말하느냐? 율법도 이것을 말하지 아니 하느냐? 모세 율법에 곡식을 밟아 떠는 소에게 망을 씌우지 말라 기록하였으니 하나님께서 어찌 소들을 위하여 염려하심이냐? 전혀 우리를 위하여 말씀하심이 아니냐 과연 우리를 위하여 기록된 것이니 밭 가는 자는 소망을 가지고 갈며 곡식 떠는 자는 함께 얻을 소망을 가지고 떠는 것이라 우리가 너희에게 신령한 것을 뿌렸은즉 너희 육신의 것을 거두기로 과하다 하겠느냐? 다른 이들도 너희에게 이런 권을 가졌거든 하물며 우리일까 보냐? 그러나 우리가 이 권을 쓰지 아니하고 범사에 참는 것은 그리스도의 복음에 아무 장애가 없게 하려 함이로라 성전의 일을 하는 이들은 성전에서 나는 것을 먹으며 제단을 모시는 이들은 제단과 함께 나누는 것을 너희가 알지 못하느냐 이와 같이 주께서도 복음 전하는 자들이 복음으로 말미암아 살리라 명하셨느니라"고전 9:7-14

아직 미흡하고 부족한 경주의 명자 행전은 진행 중입니다. 사도 바울의 말씀처럼 오늘도 오직 십자가 붙잡고 푯대를 향하여 힘차게 저는 달려갈 것입니다.

"내가 이미 얻었다 함도 아니요 온전히 이루었다 함도 아니라 오직 내가 그리스도 예수께 잡힌 바 된 그것을 잡으려고 좇아가노라"빌3:12

아멘.

백명자

bmz5961@nate.com

갈릴리교회 ; 경북경주시 대기실1길 23~20.

cafe//가는길 힘들어도(경주갈릴리교회)

▲ 갈릴리교회전경

◀
2017년 목사안수식때
남편 김경록집사와 함께

▲ 찬양사역자와 함께

▲ 2012년 광주영광교회 청년들과 여름성경학교

▲ 2018년 충현교회 농어촌 전도팀과 함께

▲ 2018년 갈릴리교회 청장년

▲ 경주 기도동역자들 숙자매

▲ 울산 다운공동체와 함께

이순옥(총신 신대원 104기)

북한에서 청진시 신암구역 관해중학교와 고등의학기술반, 고등경제학교 고등반을 마쳤다(1961년~1970). 이듬해 1971년 원산경제대학 계획 경제학부의 통신학과에 입학하여 1976년 8월 졸업하였다.

1997년 3월, 두만강을 도강해서 탈북하여 중국에서 3년간 도피 생활하던 중에 2000년 3월, 중국 공안국의 체포로 북송되었다가 4개월 만에 2차 탈북 하였다. 2004년 11월, 하나님의 크신 은혜로 꿈에도 그리던 한국 땅을 밟게 된 새터민의 한사람이다. 탈북 과정에서 만난 하나님은 그 인생을 거듭나게 하셨고 부르심에 대한 응답으로 2008년에 총신 신대원에 입학해서 2010년에 졸업했다.

김삼봉 목사와 현재는 윤영민 목사가 시무하는 대한교회에서 탈북민들을 섬기는 북한 선교부 총무로 사역하였다. 2012년 12월 서경화 목사의 소개로 만난 뉴질랜드 출신의 김요셉 목사와 본격적인 탈북민 사역을 시작했다. 용인시 기흥구 신갈동 주공 3단지와 한 보라동 4단지와 7단지에 거주하는 300여명의 새터민 사역을 하던 중에 20여명과 온맘교회를 설립하고 가정교회 형식으로 교회를 개척하였다(2013~ 2015년). 지금은 새 에덴교회의 교구에 소속되어서 새터민들을 전도하여 교회로 인도하고 있다(2016~현재).

감사의 글

　나와 우리 가족은 대한민국에 와서 친부모님의 사랑보다도 더 크고 이 세상 그 어떤 사랑에도 비길 수 없는 하나님의 놀라운 사랑과 은혜를 체험하면서 날마다 축복의 삶을 살고 있습니다. 우리를 한국으로 인도하시기까지 놀라운 사랑을 주시고, 새 생명을 주시고 주님의 자녀로 삼아 주셨으며 분에 넘치게 총신 대학원까지 졸업하게 해 주신 고맙고 은혜로우신 아버지 하나님께 다함없는 감사와 뜨거운 찬양을 올려 드립니다.

　하나님께서 그 어렵고 힘든 노정을 통하여 우리를 어떻게 구원하여 인도하시고 지금도 수많은 탈북민을 살려내시기 위해 역사하시는 하나님의 그 놀라운 사랑과 은혜를 전하고 싶습니다. 수많은 사람에게 격려를 해주며 하나님의 사랑과 은혜를 널리 전파하는 글이 되었으면 합니다. 우리를 사랑하고 은혜 내려 주시는 예수님의 이름으로 감사하며 기도드립니다.

2019년 6월 7일 이순옥

부르심의 은혜와 감사의 기도

고맙고 은혜로우신 아버지 하나님! 저희를 구원해 주시고 한국으로 인도하시어 주의 자녀로 삼아주시고 복된 삶을 살게 해 주신 은혜에 진심으로 감사와 찬양을 드립니다. 북한 땅의 수많은 영혼 중에서 한 사람, 한 사람을 친히 골라내어 3만 명이 넘는 탈북민들을 이곳까지 인도해 주신 은혜, 진심으로 감사드립니다. 저 북한 땅을 그 어느 한시도 잊지 않으시고 긍휼과 자비를 주시는 주 하나님, 그 땅 백성들을 자녀 삼으시려고 심려하시는 하나님의 뜻을 헤아리지 못하고 안일과 행복만을 추구하며 살아온 저희들을 불쌍히 여기시고 용서해 주옵소서!

300만 명이나 굶어 죽는 그 참사를 함께 겪고 우리 부모 형제 친척들이 굶어 죽는 참상을 보면서 이곳까지 왔건만 그 가슴 아픈 사연을 다 잊고 오늘의 행복에 도취되어서 눈물로 하나님께 간절히 간구하지 못한 저희의 무서운 죄를 용서하여 주시옵소서.

오늘도 굶어 죽어가고 있을 우리의 동족, 북한의 지하교회들, 탈북을 시도했다는 이유로 정치범수용소에 끌려 간 우리의 형제자매들을 위해 금식으로 기도합니다. 하나님의 놀라운 능력으로 그들을 해방하는 역사가 속히 오게 하옵소서. 오직 전지전능하신 하나님의 놀라운 권능만이 저 북한 땅을 회복하고 불쌍한 우리 형제들을 구원할 수 있다고 생각하오니 고마우신 하나님이시여, 하루 빨리 이북 땅에 복음이 들어가고 죽어가는 영혼들이 주님께로 돌아오는 놀라운 역사가 일어나게 도와주시옵소서!

부모 없는 꽃제비들과 두만강을 건너다가 살얼음판에 꽁꽁 얼어붙어 죽은 우리 동족들을 생각하면 심장이 얼어듭니다. 우리 부모 형제들이 굶어 죽지 않도록 도와주시고 저 북한도 남한과 같이 잘사는 날이 하루속히 올 수 있도록 주님, 역사하여 주시옵소서. 북한 정권이 하나님을 두려워하고 정치범 수용소를 하루 속히 해체하고 우리 형제들을 가두고 고문하며 죽이는 참상들이 더는 지속하지 않도록 하나님, 도와주시옵소서.

그 땅에 하나님의 복음이 들어가고 모든 백성이 하나님께 찬양 드리며 함께 예배드리는 날이 빨리 올 수 있도록 인도하여 주시기를 간절히 기도드립니다. 아멘

1. 통일을 준비하시는 하나님

지금, 한국에는 하나님의 놀라운 역사로밖에 볼 수 없는 탈북민들의 대거 입국이 일어나고 있다. 오늘도 하나원과 국정원에 그 인원수가 차고 넘친다. 더욱 더 놀라운 것은 제3국에 수많은 탈북민들이 한국에 들어오려고 대기하고 있다는 사실이다. 인간의 생각으로는 벌써 그 길이 막히고도 남았어야 할 텐데 탈북민의 한국행이 아직도 그치지 않고 계속 이어지고 그 수가 날로 늘어나고 있다. 이 사실은 하나님의 놀라운 계획과 섭리라고 보지 않을 수 없다.

북한의 영혼들을 한없이 사랑하시는 하나님께서는 20여년이 넘는 긴 기간 동안 3만4천명에 이르는 탈북 민들을 제3국을 통해 한국으로 인도하고 계시고 오늘도 교회를 통해 탈북민들을 하나님의 자녀로, 주의 종들로 키우신다. 왜 이런 일이 일어나고 있을까?

하나님께서 3만이 넘는 탈북민들을 한국 교회와 목회자들과 크리스천들에 맡기신 것은 그들을 잘 양육하여 앞으로 북한복음화 뿐만 아니라 세계선교에까지 확장하시려는 크고 원대한 뜻을 갖고 계신 것이 분명하다.

하나님께서는 우리에게 통일에 대한 희망을 갖게 하셨다. 탈북민들은 미리 앞서 보낸 자 들이다. 3만 명이 훨씬 넘는 북한 주민들의 대변인들인 탈북민들을 오늘도 끊임없이 한국으로 보내주신다. 그들에게 복음을 전하여 복음 통일의 전초선에 세우라고 하나님께서 이미 복음 통일을 허락하신 것이다.

지금도 끊임없이 밀려들어 오는 탈북민들의 대열은 날마다 그 숫자가 늘고 있고 수많은 탈북민이 대한민국 각지에서 한국의 국민들과 어울려 숨 쉬며 함께 살아가고 있다. 반세기가 넘는 세월을 서로 만나지도 못하는 동안 벌어진 언어와 정서와 문화적 격차를 어떻게 극복할 수 있을까? 하나님은 탈북민들을 미리 보내는 사역을 하신다. 남북이 하나 되는 연습이다.

"그러므로 너희는 하나님의 택하신 거룩하고 사랑하신 자처럼 긍휼과 자비와 겸손과 온유와 오래 참음을 옷 입고 누가 뉘게 혐의가 있거든 서로 용납하여 피차 용서하되 주께서 너희를 용서하신것과 같이 너희도 그리하고 이 모든 것 위에 사랑을 더하라 이는 온전하게 매는 띠니라." 골 3:12-14

"아무에게도 악으로 갚지 말고 모든 사람 앞에서 선한 일을 도모하라 할 수 있거든 너희로서는 모든 사람으로 더불어 평화하라. 내 사랑하는 자들아 너희가 친히 원수를 갚지 말고 진노하심에 맡기라 기록되었으되 원수 갚는 것이 내게 있으니 내가 갚으리라고 주께서 말씀하시니라. 네 원수가 주리거든 먹이고 목마르거든 마시우라. 그리함으로 숯불을 그 머리에 쌓아 놓으리라. " 롬 12:17-21

2. 탈북민들을 통일의 주역으로 준비하시는 하나님

하나님은 복음을 받은 탈북민들을 통일의 주역으로 세우시려고 준비하시는 것이 분명하다. 감사하게도 한국교회와 수많은 목회자와 크리스천들은 하나님의 크고 높은 뜻을 받들고 탈북민들을 교회로 이끌고 복음의 주역으로 키우는 일에 중점을 두고 많은 사역을 하고 있다.

또한, 한국에 입국한 수많은 탈북민은 북에 두고 온 가족들을 늘 생각하면서 자신들은 먹지도 입지도 쓰지도 않고 절약해서 북의 가족들에게 100~200만원씩 현금을 보내주고 있다. 북에 있는 브로커들을 통해 휴대폰으로 가족을 확인하고 돈을 보낸 것을 받았는지를 확인하고 브로커에게 돈을 지불하고 있다. 예를 들면 100만원이라는 돈을 보내면 30%는 브로커와 중국인 화교들이 나누어 가지고 나머지 70%만 가족에게 돈을 쥐여준다. 북한에 있는 화교들이 돈이 많으므로 70%에 해당하는 북한 돈을 북의 가족에게 주면 이곳에 있는 가족이 휴대폰으로 확인하고 100만원을 화교 계좌에 넣어준다.

돈을 아껴 쓰라고 하면서 우리가 살길은 예수 그리스도를 믿고 구원을 얻으며 성경 말씀대로 사는 길이라는 것을 확인시켜 준다. 휴대폰을 통하여 서로 안부를 전하며 예수그리스도를 믿어야 한다는 메시지를 전해준다. 북의 가족들은 휴대폰을 통해서 울리는 남한의 가족의 간절한 목소리를 귀담아들으며 정확히는 모르지만 오직 하나님과 예수그리스도를 믿는 그 길 만이 영원히 살 수 있는 영생의 길, 구원의 길이라는 것을 명심하고 그대로 살겠다고 다짐하곤 한다. 매번 휴대폰을 통하여 울리는 사랑하는 가족의 간절하고 절절한 메아리는 북의 가족들의 가슴속에 희망의 메시지다. 무조건 받아 들일수 밖에 없는 강한 생명 언어로 작용하고 있으며 북한 주민들은 한국에 가족을 두고 있는 북의 가족들을 은근히 부러워하고 동경의 대상으로 바라보는 것이 오늘의 현실이다.

탈북민들을 통해 북에 두고 온 가족들과 그 주변 주민들에게 하나님의 말씀인 복음을 전할 수 있도록 오늘도 매주일 탈북민들을 끊임없이 남한으로 들여보내신다. 북한의 영혼들을 한없이 사랑하시는 하나님께서는 10여년이 넘는 긴 기간 동안 3만4천에 이르는 탈북민을 제3국을 통해 한국으로 인도하셨고 오늘도 교회를 통해 그들을 하나님의 자녀로, 주의 종들로 키우고 계신다. 하나님만이 하실 수 있는 기적 같은 탈북민의 한국입국은 이미 통일 미래를 연습하고 체험하며 북한의 복음화를 위해 선교사들을 키워내는 중요한 계기가 될 것이다.

3. 신학의 길로 인도하신 하나님

하나님의 놀라운 사랑과 은혜로 한국에 입국한 나는 꿈에도 생각지 못했던 신학을 공부하게 되었다. 하나님께서는 오늘 이 자리까지 인도하시고 귀한 사명을 주셨다. 북한 복음화의 소명감을 가지고 이에 이바지할 수 있도록 능력 있는 주의 종으로 키워 주시고 계신다. 이 자리까지 불러주신 하나님의 그 사랑과 은혜에 진심으로 감사와 찬양을 드리며 남은 인생을 주님이 뜻하신 사역에 온전히 바치려는 불같은 결의와 각오로 가슴 불태우고 있다. 지난날을 돌이켜볼 때 내 인생의 고비 고비는 태초부터 나를 창조하시고 걸음, 걸음 인도하시고 개입하신 하나님의 놀라운 섭리와 사랑과 은혜로 엮어진 축복의 여정이다.

이 세상에는 하나님의 크신 사랑으로 새 생명을 얻게 된 사람들이 헤아릴 수 없이 많겠지만 나와 내 가정처럼 특별한 은혜와 사랑을 받고 대를 이어 가면서도 다 갚지 못할 축복의 삶을 사는 사람도 드물 것 같다. 주의 종들을 통하여 이끌어 내시는 하나님의 놀라운 역사 속에 나는 들어와 있다. 나에게도 그분의 계획이 있으실 것이다.

저 북한 땅에서 거의 굶어죽게 된 나와 가족을 오늘 여기까지 인도하시고 나 뿐 아니라 우리 탈북 민들을 어떻게 한국으로 인도하신 분, 북쪽에서의 생활과 탈북과정의 험난하고 어려운 노정 속에서 우리와 동행하신 그분은 하나님이시다.

4. 흑룡강성 벌리현에서 북한 땅 청진으로 이주하다

나는 1951년 10월 20일 중국 흑룡강성 벌리현(헤이룽장성)에서 아버지 어머니의 늦둥이로 태어나서 매우 귀하고 소중하게 자랐다. 내 위로 여러 명의 자식을 잃은 부모님은 4살 위인 오빠와 나를 살리는 일이라면 절이면 절, 점이면 점, 제사란 제사는 다 지냈다. 할아버지는 1930년대 초에 8남매나 되는 대 식구를 이끌고 북간도(지금의 중국 흑룡강성 화남현)에 들어간 유랑민의 한 사람이었다. 아버지는 16살 때부터 길회선 철도 부설 공사장에서 등뼈가 휘도록 일을 하셨다. 1960년은 중국이 소련의 빚을 갚느라고 온 국민이 허리끈을 졸라매야 했는데 기근까지 겹쳐서 중국 전역이 심한 식량난으로 굶주림에 허덕였다. 이 "대약진 시기"에 아버지는 우리 남매를 데리고 1960년 12월, 꽁꽁 얼어붙은 두만강의 얼음장을 건너 북한의 청진으로 이주하셨다. 그때 내 나이 9살이었다.

북한 땅 청진에 정착한 우리 가족은 그런대로 자리를 잡고, 나는 중학교와 고등 의학 기술반과 고등경제학교 고등반을 마쳤다(1961년~1970).

졸업 후, 약제사의 꿈을 안고 1970년 8월 청진의대 약학부를 지망하여 입학시험을 치렀으나 삼촌이 치안대에 가담했다는 어처구니없는 허위날조로 떨어졌다. 이듬해 1971년 나는 원산경제대학 계획경제학부의 통신학부에 입학하여 1976년 8월 졸업하였다.

결혼, 그리고 사별

　1982년, 지금은 세상을 떠났지만, 남편 김수익과 결혼하여 딸과 아들을 연년생으로 낳아 키우며 1995년까지 나남 제약공장 계획과, 시 통계국 공업 통계과, 남청진 백화점에서 근무했다. 결혼 전의 남편은 평양 국가보위부 요직에 있었다는데 그의 어머니가 지주 딸이라는 출신성분을 이유로 1978년에 파직되어 자강도 남계 광산 정치범수용소로 추방되었었다고 한다.

　하지만 당 중앙 위원회 조직 지도부 신소 과에 여러 번 신소 한 끝에 중앙당 담당지도원의 도움으로 1981년 해명되어 청진시 청암구역도의 상업 비품 설비공장 조립 작업반에 배치되어 일하던 중, 1982년 나를 만나 결혼한 것이다. 남편은 떳떳지 못한 가정환경을 늘 비관했다. 국가 보위부 높은 직위에서 졸지에 정치범으로 떨어진 그는 좌절과 상심을 이기지 못하고 매일같이 술을 마시고 담배도 피우고 심리적 고통과 싸우면서 그 분풀이를 나에게 다 쏟아냈다. 나의 결혼 생활은 정신적 고통과 불안으로, 화목하고 행복한 가정이 되지 못하고 재미나는 생활을 하지 못했다.

　1994년 3월, 그렇게 술만 마시고 식사도 제대로 하지 못하던 남편은 심장마비로 갑자기 세상을 떠났다. 남편의 갑작스러운 죽음은 너무도 큰 충격이었고 살아갈 길이 너무도 막막하고 기막힌 현실로 내게 다가왔다. 아이들은 이제 겨우 11살, 9살이었다. 남들 못지않게 어린 두 자식을 먹여 살리려고 무진 애를 쓰고 발버둥을 쳤지만, 사회적으로나 시대적 환경은 우리 가정을 굶어 죽는 참담한 길로 끌어 가기만 했다.

5. 인간 생지옥

1990년대 초부터 식량부족으로 심한 타격을 받아오던 북한 주민들은 1995년에 들어서면서 한 알의 식량도 공급받지 못하는, 세계에서 찾아볼 수 없는 극심한 식량기근에 직면했다. 온 나라가 굶주림으로 허덕이게 된 것이다. 세계에서 사회주의라고 자처하던 북한은 기아로 수많은 인민이 굶어 죽고 사회주의 경제 관리체제가 여지없이 무너져 내렸으며 도처에서 강도, 절도, 도적들이 횡행하고 나라의 중추인 철도, 교통 운수가 마비되고 1급, 2급, 특급 공장과 기업들이 문을 닫게 되는 등 세계에서 유래 없는 인간 생지옥으로 변했다. 수많은 노동자, 근로 농민, 사무원, 교원, 학사, 박사들이 굶어 죽는데도 김정일 독재 정권은 눈썹 하나 까딱하지 않고 오직 선군 정치를 앞세우면서 군사를 강화하는 데에만 몰두하고 있었다.

헐벗음과 기아의 땅

1994년 7월 8일, 김일성 주석의 사망은 북한의 정치, 경제 모든 분야에 걸쳐 돌이킬 수 없는 참패와 헤어 나올 수 없는 궁지로 인민들을 몰아넣었다. 가는 곳마다 자본주의 경제 시장과 장마당들이 늘어나게 되었으며 강도, 쓰리군, 절도와 도적이 판을 치고, 부모 잃은 수많은 꽃제비와 가정과 직장을 뛰쳐나와 유랑 걸식하는 사람들이 역마다 대 아수라장을 이루었다. 사회질서는 매우 문란해지고 공장, 기업마다 체계 잡혀있던 출퇴근 질서가 무너져서 무질서해졌으며 학교와 병원, 대학을 비롯한 모든 기관과 공장 기업소들이 문을 닫게 되는 역사에 유례를 찾아보지 못한 대혼란기에 접어들었다. 길가에 늘여진 전기 동선을 다 끊어내어 팔아먹는가 하면 큰 제철 제강 연합기업소 설비 부속품들과 주요 생산 물자들을 떼어내어 팔아먹는 현상이 노골적으로 일어났으며, 협동 농장 강냉이밭을 습격하여 수많은 강냉이를 훔치는 현상과 고정 재산으로 등록된 소까지 훔쳐서 잡아먹고 사형에 처하여 죽는 현상들이 도처에서 빈번히 일어났다.

굶주림의 공포

　먹을 것이 없어서 하나밖에 없는 쇠 가마를 내다가 빵과 바꾸어 먹으려고 들고 나가는 아들을 어머니가 말렸다고 그 아들이 절굿공이로 어머니와 하나밖에 없는 여동생을 살해한 16살 난 아들 사건, 장마당 월병을 사 먹다가 변질된 것이라고 도로 물려달라는 손님을 벽돌장으로 머리를 난타해서 죽게 한 사건, 장마당에서 장사하는 할머니 집을 습격하여 돈을 빼앗고는 그 할머니까지 죽여서 잡아 고기를 장마당에 넘긴 사건, 6살 난 처녀애를 잡아먹고 구역안전부 감찰과로 끌려 가다가 손목의 동맥을 자르고 자살한 주민등록부 주재원의 사건, 뇌전증으로 고생하는 딸을 살리려고 유괴한 3살 난 아이를 얼려서 잡아 뇌수를 삶아 먹이고 구역 안전부에 끌려간 할머니 사건 등, 수많은 살인사건과 사기협잡으로 서로 피해를 주는 일들이 꼬리를 물고 연속 일어났으며 법 기관과 국가 정권기관은 속수무책이었다. 그야말로 생눈 뽑아 먹는 세월이다. 등에 지고 가는 배낭을 찢고 쌀이나 강냉이를 털어 달아나는가 하면 버스에 탄 할머니 목에서 돈주머니 끈을 칼로 베어 주머니를 채 가지고 달아나는 청년들, 배에 차고 있는 돈을 면도칼로

배를 째고 돈을 채서 달아나는 현상, 달리는 열차에서 열차 칸의 낱알 배낭을 순식간에 밖으로 던지고 몸을 날려 뛰어내리는 도적들을 허다하게 보았다.

참으로 사람 사는 세상이 아닌 인간 생지옥이다. 이 끔찍한 사례들을 다 말하자면 끝이 없다.

6. 대 총살 운동

1996년에는 김정일의 "각도 직할시마다 총소리 울리시오"라는 지령에 따라 각도 직할시 구역마다 국가 재산을 탐한 청년들에 대한 공개 재판과 공개 처형으로 수많은 청장년이 무리로 죽어가는 대 총살 운동이 벌어졌다.

1996년 여름 청진시 나남구역 나북천 동둑에서 13명의 젊은 청년(20~24세)들이 군부대 분대원들로 가장하고 협동농장의 강냉이 창고를 턴 사건이 있었는데 2명은 교수형, 11명은 현지에서 총살하는 장면을 직접 목격했다.

이러한 처참한 현실에서도 북한의 중앙당, 각급도당, 시당, 구역 당의 조직부 일군들을 비롯한 양정 부문 일군들, 외화벌이 부문의 일군들은 자기 직권을 남용하여 호의호식하며 방탕한 생활로 일관한다. 인민 생활은 안중에도 없이 심히 무책임한 나날을 보내고 있었다. 무고한 인민들은 행방 배낭을(쌀을 얻으러 가지고가는 배낭)지고 위험을 무릅쓰고 기차의 빵통(화물적재함)을 타고 식량구매를 다녔으며, 전기기관차의 지붕 꼭대기 위에 새까맣게 올라가 앉고 승강기 밑과 심지어 기차 밑 공구함 안에도 매달려 다니다가 기차가 속도를 내거나 굴 안에 들어갈 때 수없이 철길에 떨어져 목숨을 잃는, 눈 뜨고 보지 못할 비참한 현상들이 근절되지 않고 있었다. 지금 와서 그때를 돌이켜 보면 일제강점기 때도 아니고 전쟁 시기도 아닌 평화 시기에 그토록 많은 사람이 죽어 간 것은 인류 역사에 없던 비참한 유혈 참극이다. 배급소에만 의존하여 살던 인민들은 갑자기 들이닥친 식량 위기 앞에 두려움, 절망감으로 떨고 있었으며 좌절감과 죽음에 대한 심한 공포로 날마다 전율하면서 살아갔다. 그러면서도 그 속에서 살아남기 위해 별의별 짓을 다하며 생명을 부지하려고 무진 애를 썼다.

식량 전쟁

학교 교원들도 먹지 못해 얼굴이 팅팅 부어서 학교에 출근하지 못하는 관계로 어린 아들과 딸을 함께 데리고 매일 80리 길의 어렵고 힘든 밀가루 장사에 나섰다. 귀중한 어린 두 자식을 공부도 못 시키고 험한 식량 전선에 끌고 다녀야 하는 내 마음은 칼로 갈기갈기 찢기는 것만 같았다. 그러나 한편 부모님들이 다 죽고 거지가 되어 장마당을 헤매고 돌아다니는 꽃제비 아이들에게 대비하면 우리 자식들은 그나마 또 행복해 보였다.

1996년 1년 동안 밀가루를 나르면서 매일같이 대 도로에서 굶어 죽은 사체를 싣고 다니는 것을 꼭꼭 2번 이상 보았으며 내가 살던 봉천동만 해도 수백 명의 사람들이 굶어서 죽어가는 것을 직접 목격하면서 당과 정부에 대한 불붙는 증오와 적개심을 금할 수 없었다.

한번은 밀가루를 사서 저녁 늦게 집에 올라가는데 인민반장 아주머니가 나를 보더니 "현 희 어머니, 광옥이네 집 좀 가보세요"라고 해서 내려가 보았다. 온 집안의 장판은 피가 낭자하게 흐르고 광옥이와 어머니가 절구 공이에 머리를 맞아 죽어 쓰러져 있는 게 아닌가! 17살 아들 광철이가(매우 어질고 순한 성격이었는데) 집안의 부엌세간을 시장에 내다가 싼값으로 팔아먹던 나머지, 마지막으로 밥 짓는 가마솥을 팔겠다고 들고 나가는 것을 어머니가 말렸다는데 광철이가 어머니와 동생을 절구 공이로 머리를 쳐 죽였다는 것이다. 너무도 치가 떨리고 눈 뜨고 차마 볼 수 없는 끔찍한 살인 광경 앞에 넋이 나간 나는 정신을 못 차리고 멍하니 서 있다가 집에 뛰처 올라왔다. 지금도 그때를 생각하면 가슴이 떨리고 온몸이 오싹하고 오한 과 전율이 일어난다. 봉천 분 주소 담당 주재원이 달려오고 분 주소 소장과 동 사무장 몇몇 일군들이 들어와 시체를 처리하는 것을 보고 그날 밤 무서움과 공포 전율로 잠을 못 자고 뒤척거리다가 일어났다.

우리 가족보다 나중에 탈북하여 2006년 4월 13일 부산에 집을 받으신 이북에서 오신 오빠를 만났을 때 너무도 충격적인 소식을 전해 들었다. 내가 일하던 나납제약 공장 주민등록 담당 주재원인 함일관 주재가 배고픈 나머지 눈에 막이 씌워 어린 여자아이를 잡아먹고 구역 안전부 감찰과에 끌려가던 중 자살하였다는 소식을 듣고서 나는 심장이 멎는 듯하고 머리가 전기에 닿는 것 같은 느낌으로 한참 진정할 수가 없었다. 내가 알고 있는 함일관 주재가 그런 끔찍한 일을 했다니. 이런 현상들은 1995년 96년, 97년도 전국 도처에서 수 없이 벌어졌으나 북한당국은 여전히 속수무책이었다.

7. 밀가루 두 포대와 바꾼 백화 텔레비전

나와 내 가정도 예외 없이 이 어두운 시대적 시련 앞에 굶어 죽어야 하는 상황에 놓여있었다. 일생을 절반이라고 할 40년간 수령과 당과 인민을 위해 돈 한 푼 못 받고 뼈 빠지게 헌신하였건만 쌀 한 알이 없어서 온 가족이 굶어 죽을 판인데 누구도 들여다보는 사람이 없었다. 낮에 기업소에 출근하여 일하고 저녁에 집에 돌아오면 전기와 풍로에 쓰는 가스는 물론이고 쌀 1알, 땔나무 1가지, 석탄 한 덩어리도 없었고 오직 있다는 것은 맨 물뿐이다.

이 기막힌 현실 앞에서도 나는 정신을 차리려 했다. 장사해서라도 어린 두 생명과 내 목숨을 유지해야겠다는 결심을 한 나는 대담하게 백화점을 사직하고 하나밖에 없는 집 재산인 흑색 텔레비전 〈백화〉을 팔아 만원이라는 돈으로 밀가루 돼 박 거리 장사를 시작했다. 백화 텔레비전은 외제로서 남편이 구소련(러시아)에 벌목하러 가 있을 때 친구에게 부탁해서 신의주 외화 상점에서 사서 보내준 것으로 남편이 남기고 간 유일하고 소중한 집안의 가보였다.

1996년 1년 동안 비가 오나 눈이 오나 어린 자식을 이끌고 나남부터 청진 수남 장까지 밀가루 장사로 왕복 80리 길을 매일 걸어야 하는 고난의 강행군을 해야 했다. 추운 엄동설한에 발목까지 빠지는 눈길을 헤치며 눈보라 속을 뚫고 손발이 꽁꽁 얼어들면서도 밀가루 포대를 날라서 연명했다. 2포대로 시작한 밀가루가 8포대가 되어 2개의 밀차로 나르게 되었다. 하지만 눈 오는 날, 남 청진 입체 다리를 밀차가 미끄러워 오르지 못해서 울며 애먹던 날이 그 얼마나 많은지 모른다. 변질한 시장 음식을 사 먹고 길바닥에서 배를 움켜쥐고 뒹 군 적은 그 얼마였고, 강도 청년들에게 밀가루를 뺏길 뻔한적은 그 몇 번이었던가.

한번은 청진 수남 장에서 5포대의 밀가루를 사서 묶어 놓고 돈 계산을 하는데 뒤에서 어린 딸애의 다급한 비명이 들려 뒤돌아보니 키가 구척 같고 억대 같은 젊은 청년들이 대낮에 밀가루 포대를 채 가려고 묶은 밧줄을 풀고 있었다. 너무도 놀라 기절초풍한 나는 어디서 그런 힘과 용맹이 나왔는지 그 청년들을 힘껏 밀어 자빠뜨리면서 고함을 질러댔다. 시장의 많은 장꾼들이 모이고 시선이 집중되자 그 청년들은 빈정거리며 한 번 놀려 보았다면서 비실비실 달아났다.

나는 1년간 돈을 배에 계속 차고 다니며 사기와 절도범이 들끓는 기차나 버스를 이용하지 않고 딱 80길을 도보로 걸어 다녔다. 1996년 1년 동안 밀가루를 실어 날라서 그럭저럭 가정의 생계를 유지하였으나 그마저도 1997년 1월부터 장사가 도저히 되지 않고 이윤이 1원도 남지 않았으며 오히려 장사밑천을 팔아먹게 되었다.

3개월 동안 하루도 장사 이윤이 떨어지지 않아 장사 밑천을 까 먹다보니 본전이 1만 8천원에서 5천원까지 줄었다. 남은 돈 5천원을 놓고 나는 눈앞이 캄캄했다. "이제 한 달 후면 우리 세 식구는 굶어 죽겠구나"라고 생각하니 억울하고 원통하고 기막혀 눈물만 하염없이 흘러내리고 돌아가신 친정어머니를 부르며 목 놓아 울고 또 울었다. 내가 슬피 앉아 우니 어린 두 자식도 덩달아 서럽게 울면서"어머니! 우리는 죽고 싶지 않습니다. 어떻게 하나요? 죽지 말고 삽시다!"라고 하며 소리 내어 엉엉 우는 통에 온 집안이 울음바다가 되었다.

8. 탈북

　　사는 것보다 죽는 게 차라리 낫다는 생각에 손에 맥을 놓고 앉아 있는데 하루는 친정 오빠가 찾아왔다. 오빠가 하시는 말씀이"지금 전국 도처에서 굶어 죽어가고 행방불명된 사람들이 하도 많아 당과 근로 단체 행정가나 조직들에서 수습을 못하고 있으니, 이 혼잡한 시기에 중국에 있는 친척 집에 다녀오라"면서 옆집 할아버지를 통해 중국으로 갈 수 있는 선을 알선하여 주었다. 오빠가 주선하여 준 그분을 따라 무산군 그 할아버지의 사돈집에 이르니 그는 30대 젊은 사람이었는데 한 달에 3~4번씩 화룡을 드나든다고 하였다. 할아버지의 그 사돈은 이튿날 무산군 시장에서 두만강 국경경비를 서는 경비대원 3명을 나에게 소개하였다. 그들은 한번 건너갔다가 돌아오는데 북한 돈으로 2천원(한국 돈 1만 5천원)을 주어야 하며 반드시 혼자 갔다 오되 제날짜에 꼭 돌아와야 한다고 신신당부를 하면서 이튿날 만날 약속 지점을 알려주고 저녁 5시까지 늦지 말고 오라고 하였다.

나는 어린아이들을 젊은 사돈이라는 그 집에 떼어 놓고 며칠만 피떡 중국에 왔다가 건너가려고 계획하였다. 그런데 막상 이튿날 약속 지점까지 오니 어린 두 자식이 발버둥 치며 왕왕 울며 떨어지지 않아서 애를 태웠다. 생각다 못해 나는 남아있는 돈 5천원을 다 주기로 하고 거짓말을 하였다. "남편이 한자리하는 간부이고 나도 당원이며 상업 지도원을 하는데 시댁이 연길에 있으니 아이들 데리고 가서 옷도 사 입히고 먹을 것도 더 가지고 오겠으니 꼭 안심하고 보내 달라"고 둘러대었다. 경비대원들은 5천원이라는 말에 저희끼리 눈을 마주치더니 승인을 하였고 그들을 따라 두만 강변으로 나오게 되었다.

꽁꽁 언 3월의 두만강

그날은 영원히 잊혀 지지 않는 1997년 3월 30일이다. 3월이지만 영하 20도를 넘는 너무도 추운 가혹한 날씨였다. 우리들은 경비대원들이 알선해 준 어느 한 집에서 시간을 보냈는데, 새벽 2시경에 그들이 와서 우리를 깨웠다. 잠에 곯아떨어져 일어나지 못하는 어린 두 자식을 때리고 꼬집으며 강제로 깨워서 끌고 두만강 기슭에 나왔다. 사방이 먹물 뿌린 듯 새까맣고 멀지 않은 곳에 있는 보위 지도원 방에서는 불빛이 흘러나오고 강 건너 중국 동네에서 개가 왕왕 짖어대고 있어 등골에서 식은땀이 흘러내렸다.

강가에 다 달은 경비대원은 "아주머니요, 물이 허리까지 오는데 중국 쪽에 좀 깊을 수 있으니 만약 빠지면 우리가 무사히 건네 워 줄 터이니 안심하고 건네 세요." 라고 하였다. 나는 돈 5천원 (한국 돈 3만원 정도)을 약속대로 천 원씩 5묶음을 가늠해주고 바지와 상의를 벗어 배낭에 넣어 머리에 이고 내의를 입은 채 물에 들어섰다. 강기슭 양쪽은 얼음이 덮이고 가운데만 물이 흘렀다. 얼음 위에 올라서는 순간 '꽝'하고 얼음 꺼지는 소리가 울리는데 보위 지도원이 금방 뛰쳐나올 것 같은 두려움에 오싹해서 한참을 얼음 위에 가만히 서서 망을 보며 조심스럽게 발을 옮겼다. 강 한 가운데를 지나는데 갑자기 물이 가슴 위에서 목까지 차올라 왔다. 차디찬 물이 심장 위로 올라오니 막 흐느끼면서 숨도 제대로 못 쉬고 심장이 멎어 금방 죽을 것만 같았다. 일생에 난생 처음 겪기는 어렵고 힘든 고통이었다. 영하 20도를 넘는 혹한의 추위에 보위 지도원이 금방 뛰쳐나올 것 같은 무서움과 공포, 두려움은 온몸을 감싸고 심하게 경직되어 오는 느낌을 받았다.

오직 이 길만이 죽음을 이겨내고 어린 두 자식을 살리는 길이라고 다짐을 하고는 이를 악물고 불굴의 투지로 이 난관을 이겨내야겠다는 각오를 했다. 이렇게 자신을 다지고 위로하고 힘을 주면서 뒤돌아보니 어린 아들이 소리도 못 내고 흐느껴 울며 깊은 물에 들어서지 못하고 있었다. 나는 아들의 팔을 잡아끌어 힘껏 내 어깨위로 추어올려 끌어안은 채 한참을 물 따라 둥둥 떠내려가는데 갑자기 물이 허리까지 쭉 내려가는 것이었다. 발이 땅바닥 높은 곳으로 올라와 디디고 서 있었다.

아들을 얼음위로 떠밀며 "개구리처럼 엎드려서 살금살금 기어가라"라고 하고는 딸을 찾으니 딸은 겁에 질려서 물기슭에서 건너오지도 못하고 울며 떨고 있다. 딸의 손을 잡아 끌어서 어깨위로 올려 같은 방법으로 무사히 강을 다 건넜다.

생사의 갈림길에서

안도할 새도 없이 죽음의 그림자는 이제부터 들이닥쳤다. 온 몸이 감탕물에 푹 젖었는데 영하 20도가 넘는 칼바람이 사정없이 파고들었다. 몸은 오그라들어 강직되고 턱은 사시나무 떨듯이 떨며 떡떡 거리고 어깨와 사지는 너무 웅크리다 못해 심하게 마비되어 온몸이 감각 없는 사람처럼 서 있게 되었다. 나는 온몸이 얼음덩어리가 되어가는 것을 어렴풋이 느끼며 의식이 가물거렸다. 나도 모르게 "안돼! 순옥아! 정신 차려!"라고 외치는데 소리가 밖으로 나오지 않는다. 의식만은 잃어서는 안 되겠다는 다짐과 힘껏 달려야겠다는 생각이 들었다. 고개를 들어보니 먼 곳에 불빛 하나가 반작거리고 있었다. 나는 두 어린것에게 "무조건 저 불빛까지 힘껏 달리라"고 하였지만 나 자신도 온몸이 얼음 덩어리가 되고 옷이 몸에 휘감겨 달린다는 것이 겨우 걷는 정도였다. 맞받아 오는 칼날 같은 바람은 뼛속까지 파고들어 살을 삭삭 베어내는 것만 같았다. 손발에 동상이 오는 것 같고 얼음이 아삭아삭 떨어지는 젖은 내의와 얼음을 먹은 무거운 옷을 입고 얼마나 걷고 또 걸었는지 모른다. 천신만고 끝에 간신히 불이 있는 어떤 집에 도착했다.

고마운 사람들

개는 '왕왕' 짖어대고 집에는 어떤 사람이 살고 있을지 모르므로 두려움과 무서움으로 차마 울타리 안으로 들어갈 수가 없었다. 밖에서 한참을 망설이며 창문으로 들여다보니 뚱뚱한 아줌마가 팔이 쏘는 듯 장판에 내려 팔을 두들기며 잠 못 들고 있었고 그 옆에 7살가량 되는 총각 애와 남편인 같은 주인이 자는 모습이 보였다. 나는 너무 춥고 떨리고 견디기 힘들어서 "지나가는 사람인데 몸 좀 녹이자" 고 말했는데 모깃소리만큼 작아 듣지도 못하는 것 같았다. 어린 아들이 견디지 못하고 '엉엉' 소리 내어 울자 그 소리에 아줌마가 남편을 깨웠고 남편은 문을 열어보고 깜짝 놀라며 어서 빨리 들어오라고 하였다. 집안에 들어선 나 자신도 기가 막혔다. 겨울 동복이 감탕물에 푹 젖어 얼음으로 꽁꽁 얼어붙었는데 꼭 흙투성이 얼음 사람 같았다. 우리 몰골을 본 그 집 아주머니는 어서 빨리 옷을 다 벗으라면서 속옷만 남기고 다 벗겨서 수돗물에 헹구고 또 헹구었다. 남편은 강냉이의 속대를 가져다가 불을 지피고 더운밥과 국을 끓인다. 보기에도 눈이 번쩍 띄는 새하얀 이밥에 고깃국과 맛있는 여러 반찬들을 차려 놓고 어서 먹으라고 권하였다. 나는 눈물이 왈칵 쏟아지는 것을 어쩔 수 없었고 밥이 목에 넘어가질 않았다. 철없는 두 어린것은 너무 배고픈 나머지 정신없이 퍼먹고 있었다. 동태처럼 언 몸에 배부르게 먹은 아이들은 따뜻한 구들에 눕자마자 정신없이 잠들고 나도 어느새 곯아 떨어졌다.

눈을 떠 보니 날이 환히 밝았고 밖에서 웬 할머니 한 분이 서성거리며 경비를 보고 있었다. 주인아줌마는 우리를 방안에 들여보내고 미닫이문을 꼭 닫으며 절대 나오지 말라며 한 사람만 잡혀도 중국 돈 2천원을 (한국 돈 30만원)벌금 한다고 하였다. 순간 나는 2 곱하기 3 = 6이라는 생각과 함께 송곳방석에 앉아 있는 기분이 들었고 빨리 이 집을 빠져 나가야겠다는 생각으로 가슴을 조이는데 시간이 가지 않아 조바심을 내며 앉아 있었다.

저녁 7시가 넘어 어두워지자 나는 화룡까지 걸어가겠다고 집을 나서는데 주인아줌마가 찹쌀가루로 만든 전과 전지 1개를 주면서 화룡까지 가는 노정을 구체적으로 알려 주었다. 길가에 중국 변방 대 차가 수시로 오가기 때문에 꼭 차가 오면 길옆에 엎드리라고 신신당부하면서 이 어린것들을 데리고 이 밤에 어떻게 150리 길을 걸어가겠느냐고 여간 걱정하시지 않았다. 나는 1년 동안 매일 80리길을 하루도 빠짐없이 걸어온 경험이 있어 괜찮다고 말씀드리고 이 은혜를 꼭 갚겠노라고 절하고 그 집을 떠났다.

흑룡강성(헤이룽장성)의 친척들

정말이지, 지금 와서 생각해보면 우리 하나님께서 이 밤길을 기억하시고 매일 80리 길을 걷는 훈련을 시키시고 가는 곳마다 고마운 사람들을 예비하시지 않았나 하는 생각이 든다. 새벽 5시까지 쉬지 않고 100리 길을 걸어 화룡에서 50리 못 미친 '차창'이라는 중국동네에 오니 날이 훤히 밝았다. 어쩌면 수사 차에 걸릴 수 있겠다는 생각이 들어서 아무 집에나 들어가려고 10여 호 되는 집을 두드렸으나 조선집은 단 한 집도 없고 새벽이어서 누구도 들여놓질 않았다. 하는 수 없이 산속으로 피하려고 산을 오르는데 키가 크고 눈이 부리부리한 중국인 할아버지를 만났다. 서툰 중국말로 여기 조선집이 없느냐고 물으니 대충 알아듣고 단 하나 밖에 없는 조선족 여성의 집으로 우리를 안내했다. 40대 초반인 상냥한 그 여성은 불쌍하고 측은한 눈길로 바라보면서 맛있는 음식과 간식도 푸짐히 대접하여주고 연길시 연변 출판사에 있는 시동생도 찾아 주었다.

이튿날 시동생이 몰고 온 트럭을 타고 중국 공안초소를 피하여 다시 200리길을 애 돌아 연길까지 무사히 들어갔다. 하나님께서는 불과 500m 공안초소 앞에서 우리들을 조선족 집에 안내 하므로 아슬아슬한 위기에서 구원하셨다는 것을 나중에 알았다.

우리 가족의 이 탈북 노정은 오로지 전지전능하신 하나님께서 오래전에 구상하시고 계획하신 스케줄에 따라 걸음걸음 손잡아 인도하신 사랑의 노정이었고 구원과 은혜의 길이었다.

연길에 있는 시댁 친척 집에서 10여 일간 휴식한 우리는 시동생들의 도움으로 근 40년 만에 꿈에도 그리던 흑룡 강성에 있는 일가친척들을 만날 수 있었고 감격에 목메어 울며 그 동안의 회포를 나누었다.

9. 지하교회

북한 땅에서 나는 수십 년 동안 유물론적 주체철학과 주체사상에 대하여 많은 강의를 들어왔으나 이 세상에 하나님이 계신다는 내용을 들어 본적이 없었다. 1926년 평남도 순천군 남평리에서 안식교의 허시몬이라는 미국 선교사가 떨어진 사과 한알을 주워 먹는 조선 어린이 이마에 청산가리로 '도적'이라고 새까맣게 새기는 화판이 전국 각지에 붙어 있어서 나는 미국 선교사야말로 두발 가진 승냥이며 한 하늘을 이고 절대로 살 수 없는 철천지원수라는 것을 가슴에 새기면서 살아왔었다.

또한 텔레비전 연속극에서 나오는 교회당과 예수 믿는 사람들을 보면서 기독교는 마약처럼 혁명 투쟁도 제대로 못 하게 하는 약 담배 같은 마취제이며 에수 천당이라고 외치는 사람들은 정신이 나간 머저리, 부실한 사람들로 여겼었다.

북한의 조선민주주의인민공화국 사회주의 헌법에는 명실공히 종교의 자유를 허용하며'북조선 기독교 총연맹 중앙위원회'와 위원장 강량욱 동지라는 상설기구도 있다. 그러나 주민들이 살고 있는 말단 단위에는 교회란 전혀 없고 혹시 중국을 통해 복음을 전하는 사람들을 미국과 한국과 연결된 간첩으로 몰아붙여서 무조건 총살하거나 영원히 나오지 못하는 정치범수용소로 보내고 있다. 내가 북한에 있을 때 중국연길에 가면 남조선 간첩들이 득실댄다고 들었다. 그래서 나는 연길에 와서 남조선 간첩이 누구인가 살펴보았으나 거의 선교사들과 목사님들이 많았고 간첩이라고 지목되는 사람은 전혀 찾아보지 못했다.

내가 탈북 한 1999년에는 북한에 지하교회를 거의 찾아 볼 수 없었지만 최근에 새로 입국하는 탈북민들에 의하면 지금은 많은 지하교회가 생겼다고 한다. 북한의 지하교회는 주로 두만강 접경지대에 비밀리에 구성되어 있는데 함께 예배드리는 2~3명 외에는 지하교인임을 서로 모르게 되어 있다고 한다. 만약의 경우 한 지하교회 망이 발각되어도 많은 피해를 보지 않기 위해 의도적으로 그렇게 조직되고 있다고 한다.

탈북 동료 송신복 목사가 들려 준 이야기

총신 대학원을 졸업하고 지금은 평택에서 탈북 사역을 하는 송신복 목사는 한국행 비행기에 오르려다가 2003년 중국 공안에 잡혀 북송된 적이 있었다. 함경북도 보위부 감옥에 갇힌 그는 한 감방에 있던 탈북민들을 하나씩 데려다가 쥐도 새도 모르게 총살로 해치우는 것을 알고는 빈 감방에서 떨리는 가슴을 부여잡고 밤새도록 울면서 "하나님! 한 번만 살려 주시면 다시는 하나님을 배반하지 않고 열심히 교회 생활을 하겠습니다."라고 속으로 부르짖어 기도했다고 한다. 그 이튿날 반탐과장이 불러내어 "야, 신복아 너 죽고 싶냐? 살고 싶냐?"라고 묻기에 "과장 동지! 무슨 말씀 그렇게 하십니까? 집에 눈이 초롱초롱한 아이들이 둘씩이나 있는데 당연히 살고 싶지요. 좀 살려 주십시오. 과장 동지, 예?!" 하며 사정을 했더니 반탐 과장은 "그럼, 너는 혼자 한국 가다가 잡혔으니 누구도 본 사람이 없다. 그러니 중국 청도에 돈 벌려고 가다가 비행기 잘못타서 잡혔노라"고 끝까지 우기라고 하더란다. 그 과장이 시키는 대로 송 목사는 문건을 다 다시 쓰고 낡은 문건은 태워 없애버리고 비행기 잘못 탄 것으로 끝까지 우겨서 끝내 대사령 받고 살아 나왔다.

송 목사는 너무나 고마운 나머지 그 반탐과장의 생일에 술과 두부와 닭 한마리를 사 들고 찾아가서 "정말, 고맙고 감사하다"라며 앞으로 꼭 이 은혜를 갚겠다며 절하였다. 그런데 세상에! 그 반탐과장의 입에서 전혀 뜻밖에 놀라운 말이 튀어 나왔다. "야, 인마! 내가 살려 준 것이 아니라 하나님이 너를 살려 주신 것이다. 알겠나?"라고 해서 송 목사가 "어마나, 어떻게 과장동지 입에서 하나님이라는 말씀이 다 나옵니까? 웬일이에요?"하고 눈을 커다랗게 뜨고 그 반탐과장을 바라보자 그 반탐과장이 하는 말이"얼마 전에 15살에 탈북해서 8년 동안 중국에서 성경 공부하던 한 청년을 취조하였다"는 것이다.

그 청년이 매일 하는 말이"나는 이제 죽어도 하나님 계시는 하늘나라 천국으로 갈 수 있어서 괜찮은데 과장 동지만은 꼭 예수 믿고 구원받아야 한다"면서 "과장 동지, 제발 예수 믿으세요"하고 울면서 간절하게 사정하더란다. 너무도 절절하고 안타깝게 사정하며 울며 말하는 그 청년의 간절한 호소에 반탐과장은"그럼 네가 말하는 그 예수가 도대체 누구이며 그 성경책은 무슨 내용으로 되어 있느냐?" 물었단다. 그러자 그 청년은 매일 2시간씩 한 달 동안 창세기부터 요한계시록까지 매일 2시간 강의를 하였다. 그 무렵 보위부 반탐과장은 평양 보위부학교에 가 있었고 아내가"황해도에 강냉이 바꾸러 일주일만 갔다 온다"며 아들 2명을 집에 두고 갔었는데 보름이 넘어서 돌아오니 아들 둘이 꼭 끌어안고 죽었다고 한다. 반탐과장은 그 가슴 아픈 사연을 되새기며 청년이 전하는 예수에 대한 말을 듣고 땅을 치며 통곡하였고 그 이후로 주일 밤마다 하나님께 예배드렸다고 한다.

그 신앙 깊은 청년은 시범 대상으로 끝내 총살에 처형당하여 하늘나라로 갔다.

21세기 카타콤교인들의 헌금

비록 그 청년은 세상을 떠났지만, 그가 뿌린 복음의 씨앗은 오늘도 수많은 지하교인들을 확장하고 있다. 반탐 과장은 자기와 꼭 같은 아픔을 당한 친구

부부와 오늘도 북한에서 밤 12시에 누구도 모르게 주일마다 예배드리고 많은 교인을 키우고 있다고 전해 들었다.

이러한 실례는 북한의 국경 지역마다 수없이 찾아볼 수 있다. 이삭 목사님이 발간하는 잡지 '카타콤 소식지'에는 북한 지하교인들의 사진과 꽃제비들에게 먹을 것을 공급하는 북한 지하교인들의 활동들이 실리고 있다. 하나님께서는 미국과 한국, 중국의 주의 종들을 통해 북한의 지하교인들을 먹이고 살리며 복음을 전하도록 지켜주시고 인도하시고 한없는 사랑과 은혜로 역사하고 계시다.

북한의 지하교인들은 그 어려운 조건과 삼엄한 경계망 속에서도 하나님에 대한 뜨거운 사랑을 잃지 않고 꿋꿋이 신앙생활을 열심히 잘하고 있다. 없는 상황에서도 십일조 생활을 꼭꼭 하여 꼬깃꼬깃 꾸겨진 북한 돈을 가슴에 품고 두만강을 건너와 교회에 바치고 돌아갈 때 어느 교인도 눈물 없이는 볼 수 없는 광경이라고 어느 선교사가 전해주는 말씀을 들었다.

북한의 주의 종들

중국을 통해서 들어오는 탈북민들을 성경말씀으로 꾸준히 양육하는 한 선교사의 강의를 들었는데 하나님의 사랑에 감동을 한 많은 탈북민이 한국행을 거절하고 북한으로 되들어가서 복음을 전하고 또 다시 중국에 나와서 하나님 말씀을 듣고는 다시 지하교회로 들어가는 신실한 북한의 주의 종들을 많이 보게 된다고 하였다. 나는 그들의 소식을 들으면서 가슴이 뭉클해지고 가슴에 충격을 받곤 한다. 북한에 드나드는 주의 일군들에 비하면 나는 과연 무엇을 하고 앉아 있는가? 도무지 주체할 수 없이 쏟아지는 눈물을 걷잡지 못하며 하나님께 회개하며 기도드리곤 한다. 하나님께서는 정말 그 무엇과도 바꿀 수 없는 금싸라기와 보석 같은 신실한 신앙인들을 북한에 두시고 한국교회와 목회자, 크리스천들과 탈북민 교인들을 무색하게 만들고 부끄러워 얼굴을 들고 다니지 못할 정도가 되게 역사하고 계신다.

하나님의 놀라운 사랑과 은혜의 역사 앞에 우리는 정신을 바짝 차리고 자신의 신앙을 점검하고 장차 하나님 앞에 설 때 심판받을 준비를 단단히 할 때가 아닌가 생각된다.

복음을 거절하다

1997년 6월부터 중국 흑룡강성 탕원현에 '홍기'라는 조선족 동네에 살면서 집사님들의 전도로 난생처음 교회에 나가 보았다. 한국 목사님이 오셨다고 하기에 평생 한국 사람을 보지 못한 나는 도대체 한국 사람이 어떻게 생기고 말은 어떻게 하나 궁금하고 호기심이 났다. 교회에 들어서는 순간 목사님이 우렁우렁한 목소리로 "우리 함께 북한 동포들을 위하여 기도합시다."라는 음성이 귓전을 때리는 순간 나는 콧등이 찡해 왔고 가슴에서 뭉클 무엇이 올려 밀었다. 도대체 저 사람이 누구이기에 북한사람들을 위해 저렇게 안타깝게 기도하나 싶어져서 눈물이 왈칵 쏟아졌다. 나는 수없이 굶어 죽어간 사람들이 눈앞에 떠올랐고 북한의 친척, 친우, 종업원들이 그리워 하염없이 눈물을 흘렸다. 50여명이 통성 기도하는 소리와 전혀 알아듣지 못할 노래와 설교를 하시는데 통 무슨 말인지 모르고 귀에 들어오지도 않았다.

1998년 3월까지 몇 번 교회에 나가긴 했으나 믿음이 전혀 없었고 도대체 하나님이 어디에 계시며 이 세상에 있지도 않은 하나님을 향해 기도드리고 예배하고 찬송하는 저 사람들이 제정신인가 하는 생각마저 들었다. 그러면서 한편으로는 북한의 황해도 어느 군에서 옛날 미국 선교사 허드몬 이라는 사람이 떨어진 사과 한 알 주워 먹은 조선 어린이의 이마에 청산가리로 '도적'이라고 지지는 그림 화폭이 떠올랐고 순전히 이 기독교는 무지한 인민들의 사상 의식을 마비시키고 혁명 투쟁을 못 하게 하는 하나의 속임수라고 나름대로 단정해 버렸다. 나는 소위 경제 대학에서 변증법적 유물론과 주체 철학 정치경제학을 배웠답시고 거만하고 교만한 생각만 꽉 차서 내 생각과 주장이 다 옳고 정당한 것처럼 믿었으며 극심한 오만한 자리에서 철저한 유물론자로 자처하였다.

하나님 믿는 것은 미신 믿는 것처럼 완전한 관념론적사고 방식이라고 생각하면서 예수 믿으면 사람이 머저리가 된다고 주장했다. 그 오만과 교만, 거만한 자존심, 안하무인격인 성품은 나를 주님 앞에 온전히 가까이 서지 못하게 하였다.

10. 체포와 북송, 그리고 감옥 생활

체포와 북송

　3년간의 중국 생활 도중에 하북성(허베이성) 대성현에서 한 중국인의 신고로 중국 공안에 체포되어 단동으로 후송되었다. 옛날 속담에 "나라 잃은 백성은 상갓집 집의 개만도 못하다"라는 말이 있듯이 중국에서의 3년간 생활도 조국을 떠나 이역 땅에서 나라 없는 민족적 설움과 수모, 멸시와 천대로 이어지는 고달픈 인생이었고 당당한 국가적 호적과 신분조차 증명 할 수 없는 처지에서 가는 곳마다 중국인들에게 이리저리 팔려 다니는 것은 물론이거니와 설사, 때리고 죽인다 해도 하소연할 곳도 없다. 1997년부터 2000년까지 중국에서 내가 목격한 것은 탈북 여성들이 중국인과 중국 조선족들에 의하여 3천원부터 1만 8천~2만원에까지, 길림성과 흑룡강성, 하북성, 그리고 저 멀리 사천 성(쓰촨성)까지 팔려가고 있었다. 달아 날 수도 없고 뛰다가 잡히는 날에는 거의 죽을 정도로 두들 겨 맞고 설사 죽는다해도 신분조차 확인할 증명이 없으므로 법적으로 송사도 하지 못하게 되어있다.

　　우리는 중국 공안을 피해 이리저리 숨어 살다가 하북성 대성현 중국인 동네까지 떠돌아다니다 한 중국인의 신고로 체포되어 족쇄에 묶여 현 공안국으로 연행된 것이다. 보름 기간의 취조와 심사 끝에 우리 가족은 단동 공안국을 거쳐 북한 신의주 보위부로 북송하게 되었다. 지금도 나는 그 때를 생각하면 주님과 올바른 관계를 맺지 못하고 초보적인 믿음도 없는 나를 연단시켜서 더 큰 믿음과 하나님 자녀로 삼으시려는 고마우신 하나님의 계획적인 사랑이 아니었는가 생각한다. 나는 대성현 공안국 사무실에서 비로소 주님을 애타게 찾고 부르짖으며 제발 살려 달라고, 제발 북송되지 않게 해 달라고 애원하며 회개의 눈물이 아닌, 절망과 슬픔, 안타까움의 눈물을 흘리고 또 흘렸다.

"너희들은 곧 북송되면 함남도 오로 정치범수용소에 보내며 그곳에는 굶어 죽고 살아 나오는 사람이 없다"는 말을 듣고 땅을 치며 통곡하였고 스스로 동맥을 끊어 중국 땅에서 아예 자살하려고까지 마음먹었다. 그러나 두 눈이 초롱초롱한 어린 것들을 바라보니 차마 죽을 수가 없었다.

2000년 3월 25일, 드디어 단동 공안국 버스에 실려 압록강 대교를 건너 신의주 보위부에 들어섰다. 그런데 너무도 돌변한 정황에 우리는 어리둥절하였다. 보위부 직원들이 나와서"반갑습니다."노래를 부르며 우리를 맞아주는 것이 아닌가! 우리들을 앉혀놓고 보위부장이 나와서 하는 말이"너희들은 이번 2000년 2월, 경애하는 장군님의 친필지시에 따라 거주지를 확인하고 다 고향으로 돌려보낸다"라 고 하였다. 정치범수용소에서 단두대 이슬로 사라질 줄 알았는데 너무도 상상 밖의 소식에 내 귀를 의심하였고 이것이 꿈이 아닌지 살을 다 꼬집어보았다. 보위부장은 이어서"너희들 때문에 우리 장군님께서 돌아앉아 눈물을 흘리셨다"라면서 나라가 제대로 식량을 주지 못해 너희들이 중국까지 돌아다니다가 왔다며 다시는 중국으로 갈 생각을 하지 말고 장군님 신임에 더욱 충성으로 보답하며 열심히 살아야 한다고 연설을 한다. 나는 웬일인지 눈물이 나오면서 좀 죄송한 생각도 들었으나 그것은 일순간이었다.

우리는 신의주에서 가장 거리가 먼 함경북도 안전부에서 신원조회가 와야 나가게 되어있다.

감옥 생활

나는 신의주 보위부 감옥과 안전부 집결소 감옥에 머무는 동안 인간 이하의 천대와 멸시, 모진 고문들과 굶주림, 견디기 어려운 고통과 힘든 강제 노동을 당하면서 인생관 철학의 귀중한 체험을 하였다. 인생이란 무엇이며, 잔악무도한 인간들의 인권유린행위와 가슴을 도려내는 동료들의 죽음을 목격하며 인간의 나약성과 취약성, 사회 제도에 대한 증오와 적개심, 환멸, 세상 유혹을 따르는 인간들의 실패와 인간의 무지몽매를 절감했다. 결국, 오직 하나님만을 의지해야 하며 하나님의 도우심이 없이는 죽음의 길이라는 것을 철석같이 체험하였다.

정치 보위부 감옥에서는 새벽부터 밤늦게까지 곧 바른 자세로 곁눈질도 못 하고 꼿꼿이 앉아있게 하는 정좌 고문, 무릎 꿇고 팔 들고 장시간 서 있게 하는 고문, 손을 내밀게 하고 채찍으로 내려치는 고문, 모래 섞인 삶은 통 강냉이에 씻지도 않은 시래기를 그대로 삶아낸 돼지죽 같은 국을 먹어야 하는 고문은 너무너무 견디기 어려운 고통이었다. 밤에는 시멘트 방바닥에 깔개, 덮개도 없이 이가 득실거리는 헌 담요 하나로 여러 명이 함께 덮고 자는 방은 너무 추워 잠도 제대로 잘 수가 없었다. 방 한 구석에는 밖에서 찬바람이 들어오는 옛날식 화장실과 녹물이 새빨간 수돗물에 세면을 대충하곤 하였다.

강냉이 100알

안전부 감옥 에서의 고문은 더 무서웠다. 일제가 망하면서 병균을 묻혀서 뿌려놓은 벼룩의 후대들이 그냥 살아서 사람을 잡아먹을 정도로 커서 득실거리고 있었으나 정치범 감방이어서 의식적으로 약을 뿌리지 않고 있었다. 처음 들어오는 수감자들에게 무섭게 달라붙어 밤새껏 물고 목과 팔목 부문이 아파서 견디기 어려웠다. 아무리 천으로 동이고 비 끌어매어도 어느 틈으로 들어가는지 어린 처녀애들은 엉엉 소리 내어 울며 잠을 자지 못하였다.

더욱 견디기 어렵고 힘든 것은 100알도 못 되는 삶은 통강냉이 알을 먹이고 힘든 길 닦기 작업, 담가에 돌 나르기, 시멘트 블로크를 이고 산 넘어 보위부장 집에 나르기, 밭을 일구고 낟알 심기와 안전부 병원 높은 천장 회칠 작업등 상상도 못할 어렵고 힘든 일을 강요 하였는데 신체가 허약한 사람들은 그 자리에서 막 쓰러지고 죽어가는 사람들이 점점 늘어났다.

감옥에는 3개월부터 7개월까지의 임산부들이 8명 있었다. 하루는 그 8명을 줄 세워 고개 넘어 진료소에 가서 중기 중절을 시키고 왔는데 그 이튿날부터 벽돌을 이고 산을 넘게 하였다. 사람 허울을 썼으니 사람이지, 그야말로 악귀들이었다.

하루는 집결소장이 감방 안에 들어와서 너희들 중에 전기선을 고칠만한 사람이 있으면 나오라고 했다. 량강도 혜산에서 온 강영철이라는 사람이 선뜻 나섰는데 그는 고압 전주대에 올라가 전기선을 고치다가 고압전기에 붙었다. 밑에서 올려다보니 눈은 뒤집어지고 입에서는 거품을 물고 있는데 전기를 차단하자면

몇십리를 가야 다면서 눈을 뻔히 뜨고 그가 타죽는 모습을 보게 되었다. 새까맣게 타서 뚝 떨어지자 헌 가마니 짝에 둘둘 말아 어딘가로 가져가서 묻어 치우고 이 사실을 누구도 입 밖에 내는 날에는 죽을 줄 알라고 위협하였으며 보위부 간부들이 내려와 보고 아무 일 없는 듯이 무마되었고 그 가족에게도 알리지 않고 있었다. 우리는 후둘 후들 떨려서 그날 밤은 한잠도 이루지 못하고 속으로 울기만 하였다. 옥에서 수감자들이 죽은 사연을 다 이야기하자면 끝이 없다.

2000년 6월, 마침내 거주 확인이 와서 집으로 가라는 발령을 받고 입고 간 옷가지와 소지품을 팔아서 음식을 사먹으며 힘들게 집에 도착했으나 집에는 이미 다른 사람이 들고 먹을 식량과 돈도 없어서 청진 역전에서 자면서 꽃 제비 노릇을 했다. 닥쳐온 어려움과 난관은 나를 또 중국으로 떠밀고 있었다.

2000년 6월 중순이었다. 갑자기 장마로 불어난 두만강을 건너려다 못 건너고 또 다시 잡혀 무산군 안전부 노동 단련 대와 함북도 집결소에서 별의별 죽을 고생을 다 하다가 거의 1개월 만에 담당 경찰관의 도움으로 풀려 나왔다.

11. 2차 탈북의 험난한 여정에서 만난 하나님

나는 무산에서 오이, 호박, 닥치는 대로 장사하면서 2차 탈북을 시도하기로 하고 벼르는데 마침, 2000년 7월 감옥에 함께 있던 아들 친구의 가족을 통해 무사히 또 두만강을 넘었다.

하나님께서는 우리에게 더 큰 믿음을 주어 훌륭한 주의 종으로 쓰시려고 힘든 감옥살이를 통해 연단시키셨나 보다. 두만강을 건넌 그길로 나는 중국 하북성의 한 자그마한 조선족 교회를 찾아갔으며 그곳에서 하나님을 만났다. 사도행전 16장 31절 말씀"주 예수를 믿으라. 그리하면 너와 네 집이 구원을 얻으리라."와 마태복음 4장4절 "사람이 떡으로만 살 것이 아니요, 하나님의 입으로 나오는 모든 말씀으로 살 것이니라."는 한국과 미국에서 오신 목사님들의 설교를 통하여 차츰 마음이 열리게 되었으며 하나님의 자녀가 된다는 것이 얼마나 기쁜 일인지 깨닫게 되었다.

내 아들도 4년 동안 교회에서 목사님과 함께 생활하면서 하나님의 사랑과 은혜를 체험하고 하나님께 모든 것을 의탁한 참 신앙인의 모습으로 자라났다. 나는 하나님께서 분명히 우리가족을 남한으로 인도하시리라는 굳은 믿음을 가지게 되었다. 그리고 우리 가족은"각자 살아서 대한민국에서 만나자"며 헤어졌다.

12. 살아서 대한민국에서 만나자

2,004년 8월, 북경으로 아들을 불러주신 하나님께서는 몽골을 통해 한국으로 들어오는 무리에 그를 세우시었다. 아들이 제일 먼저 무사히 도착한 셈이다. 두 달 후인 10월에는 나에게도 역시 몽골을 통해서 한국에 들어오는 놀라운 사랑과 은혜를 베푸셨다.

2004년 10월 9일 북경에서 내몽고까지 기차로 무사히 도착한 우리 일행은 하나님의 인도하심을 따라 중국과 몽골 국경 지대인 아랜 이라는 곳에서 중국경비대 순찰차의 조명 감시를 피하며 국경 철조망을 찾아 걷고 또 걸었다. 10리에 하나씩 늘어선 높이 2m되는 철조망 6개를 다 찾아 넘는 것은 보통 어려운 문제가 아니었다. 더욱이 중국 공안의 차가 수시로 조명등을 켜고 수색을 도는 상황에서 그 눈을 피해 국경을 다 넘는 것은 북한에서 두만강 건너기보다 더 어렵고 힘든 노정이었다. 갈수록 나무 한 그루 없는 사막 길을 직선으로 간다고 하지만 방향도 종잡기 어렵고 자꾸만 사선으로 빗나가고 나중에는 엉뚱한 곳으로 돌고 돌면서 철조망을 찾기 매우 어려운 상황이었다. 탈북 노정은 몽골이나 태국, 캄보디아, 베트남, 미얀마, 그 어느 노정도 순탄하고 쉬운 길이 없으며 악어가 득실거리는 메콩강을 좁고도 좁은 배로 쏜살같이 달리다가 배가 뒤집혀 많은 탈북민이 물에 빠져 죽는 험한 길이며 몽골의 무인지경에 들어서면 가도 가도 인가가 없는 광활한 사막에서 지치고 지친데다가 먹을 것마저 떨어져 기진맥진하여 굶어죽거나 겨울에는 얼어 죽는 일들이 너무 많다. 죽음을 동반하지 않고는 도저히 올 수 없는 길이다. 한국에 와서 다음과 같은 일화도 들었다.

6살 아들의 시신을 안고 입국한 아버지

한국에 먼저 입국한 사람이 북에 두고 온 6살 난 철이라는 아들을 브로커에게 부탁하여 몽골로 데려오다가 그 일행이 길을 잃었다. 사람 하나 없는 무인지경에 들어서서 걷고, 걷고 또 걷다가 기진맥진하여 철이를 업고 오던 사람이 걷지 못하는 아이를 두고 왔는데 나중에 아이 아빠가 그 곳을 찾아 헤맨 끝에 죽은 어린 아들의 시신을 발견하고 안고 한국에 왔다. 국정원에서 모두 울고 울었다.

"곧장 걸으라" 는 주님의 음성을 듣고

우리 일행도 저녁 9시부터 새벽 4시까지 걷고 걸었는데 직선으로 곧게 걷는다는 것이 밤길에 자꾸만 사선으로 빗나가 새벽까지 겨우 예비 철조망 2개를 넘었고 기본 철조망 2개는 전혀 나타나지도 않았다. 일행은 지치고 지쳐 쓰러질 지경이었다. 우리는 걸음을 옮길 때마다 하나님께 간절히 기도드렸다.

"사랑의 아버지 하나님! 저희를 한국으로 인도하시는 그 놀라운 사랑과 은혜에 진심으로 감사와 찬양 드립니다. 저희들이 밤새껏 기본 철조망을 찾지 못하고 헤매며 돌고 있사오니 하나님의 크나큰 능력으로 저희를 손잡아 이끌어 주시옵소서. 날 밝기 전에 국경선을 꼭 넘을 수 있도록 도와주시옵소서. 살아계신 예수님의 이름으로 간절히 기도드립니다."

간절한 마음으로 하나님을 찾았다. 가장 힘들고 절망적이며 죽을 고비에서 하나님께서는 또 역사하시었다. 멀리, 북극성 같은 별이 하나 나타나 반짝거리고 있었다. 그 별을 따라 "곧장 걸으라"는 주님의 음성이 들려왔다. 우리는 그 별을 따라 곧장 걸었고 걸음마다 하나님께 진심으로 감사드리며 자신감과 기쁨을 가지고 405장 찬송을 부르며 힘차게 걸었다.

주의 친절한 팔에 안기세 우리 맘이 평안하리니

항상 기쁘고 복이 되겠네 영원하신 팔에 안기세

날이 갈수록 주의 사랑이 두루 광명하게 비치고

천성 가는 길 편히 가리니 영원하신 팔에 안기세

주의 보좌로 나아갈 때에 기뻐 찬미 소리 외치고

겁과 두려움 없어지리니 영원하신 팔에 안기세

후렴

주의 팔에 그 크신 팔에 안기세

주의 팔에 영원하신 팔에 안기세

　　드디어 높이 2m되는 철조망이 불시에 나타났으며 그 철조망을 넘고 10리쯤 가니 또 꼭 같은 철조망이 나타났다. 2개의 기본 철조망을 다 넘은 우리는 안도의 숨을 쉬고 모여 앉아 하나님께 감사기도 드리고 찬송을 불렀다. 날이 훤히 밝자 우리는 몽골국경경비대원들에게 잡혀 본부에 실려서 갔고 그 이튿날 '울란바따르'로 후송되었다. 고마우신 하나님의 끊임없는 도우심과 세심한 손길을 따라 2004년 11월 12일, 모든 조사와 여권수속을 끝내고 항공편으로 꿈에도 그리던 내

조국 대한민국으로 들어왔다.

내가 걸어온 쉽지 않았던 인생의 길 가운데는 하나님께서 항상 함께 계셨고 내가 비록 하나님을 의식하지 못한 그 순간에도 하나님은 나를 잊지 않으셨고 붙드신 팔을 거두지 않으셨으며 오늘까지 인도하시고 귀한 사명까지 주셨다. 나는 아버지 하나님의 너무나 크고 놀라운 그 사랑에 내 남은 인생이나마 온전히 내어 드리고 싶다.

주의 일군으로 서기에는 아직 너무나 미숙하지만 지난세월 오래 동안 고질화된 온갖 죄를 벗어버리고 욕심과 이기심, 교만 등 온갖 오물을 다 내려놓고 내 속사람이 온전히 주님의 거룩한 성품과 인격을 닮아가길 소망하는 마음에서 영락 신학원 1년 과정과 대전신학교 4학년 편입과정에 입학하였으며 2008년에 졸업하고 총신대학원에 가게 되었고 졸업했다.

아직도 죄와 허물이 가득한 나를 분에 넘치게도 신성한 총신의 양지 동산에 불러주시고 하나님 말씀을 더 깊이 배워 주의 종으로 훈련하신 하나님의 그 사랑과 은혜에 고개 숙여 감사드린다. 나는 죽는 순간까지 하나님을 위해 내 모든 생명까지 바칠 굳은 각오로 충만해 있다.

나의 비전

나의 꿈은 하나님께서 한국에 불러주신 3만 4천이 훌쩍 넘는 탈북자들을 모두 하나님께로 이끄는 일에 최선을 다해 일하다가 복음으로 통일 되는 날, 내가 살던 고향 북한 청진 나남 땅에 교회를 세우고 아들과 함께 하나님의 말씀을 전하는 것이다. 친척, 친우, 한 아파트에 살던 주민들과 직장종업원들에게 복음을 전하고 싶다.

13. 우리가족의 다짐

살아서 만난 기쁨

아들 김성렬

성렬이가 제일 먼저 한국에 입국하여 정착했다. 하나님께서는 친부모도 도저히 줄 수 없는 사랑으로 아들 김성렬과 제일 나중에 온 딸 김현희를 미국과 캐나다에 보내서 수학하게 하셨다. 97년, 북한 청진시 남청진 봉천동에서 9살에 아빠를 여의고 심한 식량난으로 매일 허기진 배를 움켜잡고 라북 시장에서 빵을 덮쳐 가로 채 먹으며 꽃제비들과 함께 시장을 맴돌던 아들 김성렬은 지금 청년이 되었다.

12살 때 내 등에 업혀서 영하 27도의 강추위 속에 키를 넘는 두만강을 구사일생으로 도강했다. 한 조선족 가정의 도움으로 얼어 죽을 위기에서 간신히 목숨을 건졌다. 중국에서 3년간 중국 공안의 눈을 피해 하북성까지 떠돌다가 2000년 3월, 공안에 온가족이 잡혀 족쇄에 묶여 신의주 보위부에 북송되었을 때 성렬이는 15살이었다. 말로서는 다 표현할 수 없는 감옥 생활을 견뎌냈다. 인간으로서 상상을 초월하는 갖가지 고문과 배고픔, 추위, 강제노동, 짐승 보다 못한 대접과 갖은 고통을 다 받으며 죽기직전까지 갔다가 하나님의 놀라운 은혜로 간신히 구출되어 2000년 7월 다시 2차 탈북에 성공했다.

천진에 있는 오태학 목사님이 사역하시는 사랑의 교회에서 4년간 생활하다가 놀라운 하나님의 섭리와 인도하심에 따른 브로커의 도움으로 몽골을 거쳐 2004년 9월 대한민국으로 입국했다.

성렬이는 국정원과 하나원을 거쳐 2005년 1월 하나원의 강철민 목사님의 소개로 임향자 목사님이 하시는 하늘 꿈 학교를 2년 다니면서 고등학교 졸업자격을 따고 그 학교의 추천으로 포항 한동대에 입학하게 되었다. 07학번으로 한동대 경영경제학부와 국제정치학 복수전공에 입학한 성렬은 너무 힘든 영어 때문에 울며 기도하던 중, 수개월을 영국에 가서 영어를 배우도록 인도 하셨고 하늘 꿈 학교 재학 시에 만난 선교사님의 도움으로 미국의 택사스에 있는 대학 타일러(Tyler)에 가서 1년간 지내게 하셨다. 3개월을 제자훈련, 3개월은 전도훈련, 4개월은 영어 훈련을 받고 돌아왔다. 또한 재학과정에는 한 학기 교환학생으로 미국 사우스캐롤라이나(SC)에 있는 장로교 신학교에 가서 공부하고 돌아왔다. 참말로 아들에게 부어주신 하나님의 사랑과 은혜는 말로서는

다 표현할 수 없다.

2014년 한동대 학부를 졸업한 성렬이는 2015년부터 2017년까지 연세 대학원 정치외교학과 석사과정을 졸업하고, 2018년 1월부터 미국 뉴저지에 있는 시라큐스(Syracuse) 대학에서 국제정치학 박사 과정 1학년을 다니고 있다.

아들 김성렬이 걸어온 지난 수십 년간의 험난한 노정은 그야말로 걸음걸음이 살아계신 아버지 하나님의 극진한 사랑과 무궁무진한 은혜의 노정이었다. 주 하나님께서 친히 손잡아 이끌어 주고 키우신 사랑의 세월이요, 은혜의 시간이다. 지금까지 귀하게 여기시고 많은 품을 다 들여 키워주시는 아버지 하나님께서 앞으로도 더 잘 키워 꼭 훌륭한 하나님 아들로 손색없이 요긴한 곳에서 크게 쓰임 받게 하실 줄을 굳게 믿고 감사드린다.

나는 늘 아들에게 말한다. "바다보다 넓고 하늘보다 더 끝없이 크고 넓은 아버지 하나님의 그 크신 사랑에 천만분의 일이라도 갚자"라고.

딸 김현희

3만 명이 넘는 탈북민들이 하나같이 몽골, 태국, 베트남, 라오스 등 제3국으로 가서 한국에 입국하는 노정을 거치는데 유독 김현희는 하나님의 특별하고 놀라운 사랑으로 심양 영사관에서 조선족 비자를 받고 비행기로 유유히 입국했다.

현희가 한국으로 오는 과정에 중국 공안이나 제3국의 공안에 잡혀 북송될 위험이 전혀 없이 안전하게 오게 된 것은 전적인 하나님의 은혜였고 인도하심이었다. 우리 가족 중에 제일 늦게 한국에 입국한 현희는 2006년 여름, 대전 한양검정고시 학원에서 고졸 자격을 취득하고 성렬의 권고로 포항 한동대 08학번으로 동생보다 1년 늦게 경영경제학과 상담학 복수전공으로 입학하였으며 2014년에 졸업했다. 그리고 온누리 교회의 목사님 한 분의 추천으로 카나다 위니팩에 있는 대학원에 입학하여'평화와 갈등'이라는 석사 논문으로 2018년 가을에 졸업했다.

지금은 취업을 목적으로 장애인 복지 센터에 근무하고 있다.

아들 성렬이와 딸 현희가 아버지 하나님의 극진한 사랑과 은총 속에 오늘까지 대학교 학부과정과 대학원 석사과정을 마쳤다. 영어를 몰라서 눈물과 한숨으로 통곡한 적이 한두 번이 아니란다. 좌절과 실의에 빠져서 포기할 생각을 하며 괴로워 할 때 마다 아버지 하나님께서 주시는 힘으로 위로와 격려를 받으며 이겨냈다고 들었다."아무리 힘들어도 나를 믿고 따라 오라고, 꿋꿋이 이겨나가라"고 친히 손잡아 이끌어 주신 하나님이 계셨기에 오늘날까지 올 수 있었다.

학업에 들어가는 그 많은 재정적지원도 하나님의 재정으로 다 채워 주시고 돈 많은 부자나 국회의원 자녀들 부럽지 않게 잘 키워 주신 하나님의 한량없는 그 사랑에 날마다 눈물로 감사드린다. 꼭 보답하려는 일념으로 날마다 기도드린다.

친부모도 줄 수 없는 크고도 크신 사랑, 태산에도, 바다에도 비길 수 없는 그 하나님 사랑에 인생을 바쳐 다 보답하자고 우리는 다짐, 또 다짐한다. 그 어느 곳에 가서 일하든지 주님께서 맡겨주시는 일에서 소명을 가지고 사명감으로 충성을 다 바쳐 보답할 결의가 충만하다.

저와 제 가정은 날마다 하나님만을 생각하며 평생을 다 바쳐 꼭 보답하면서 살아가겠습니다. 감사합니다.

14. 한국교회의 소명

한국에 입국한 3만 4천 남짓의 탈북민을 다 주의 자녀로 이끄는 것은 하나님께서 한국교회와 목회자들에게 주신 위임 명령이라고 본다. 탈북민들의 잘못된 기독교관을 바로 잡고 그들에게 온전한 신앙과 복음을 전함으로써 그들 모두가 주님 앞에 눈물로 회개하고 날마다 하나님께 감사드리며 그 감사를 영원히 충성으로 보답하는 삶을 살게 하는 것이 오늘 우리의 과제다.

북한에서 수십 년 간 잘못 받아들인 기독교에 대한 인식을 바르게 심어주기 위하여 그들을 교회로 인도하여 올바른 교육을 주어야 할 것이다. 하나님을 아는 지식을 배워주며 성경에 기록된 모든 말씀들이 다 하나님의 사랑의 감동으로 쓰여 진 사실이라는 것을 그들이 확고히 인식하도록 하여야 한다. 예수님과 십자가 부활사건을 통해 자신을 철저히 회개하며 이 세상에 존재하고 생명을 가지게 된 것은 오로지 하나님의 은혜임을 정확히 깨닫도록 해야 한다.

북한 선교는 한국교회의 숙제

오랜 기간 북한의 세속과 유일 체제하에서 살아온 탈북인 에게는 하나님의 사랑이 너무도 고갈되어 있다 지나온 가슴 아픈 사연들과 받은 상처들은 하나님의 한량없는 사랑만이 녹일 수 있으며 그 사랑 앞에는 다 무너질 수 있으리라. 이미 한국에 들어와 목회의 길과 신학의 길에 들어선 수많은 탈북민들이 한결 같이 그 사랑 앞에 무릎을 꿇고 통곡하며 회개하고 하나님의 놀라운 그 사랑과 은혜에 충성으로 보답하기 위해 그 길을 가고 있다. 가슴에 얼음 덩어리 같은 차디찬 응어리들은 하나님의 뜨거운 사랑 외에는 녹여낼 힘이 없다. 모든 목회자들과 크리스천은 주변의 탈북민에게 하나님의 크고도 넓은 한량없는 그 사랑을 전함으로써 모든 탈북민이 뜨거운 눈물을 흘리며 주님 앞에 회개하며 돌아오도록 아낌없는 사랑을 베풀어야 한다.

탈북민의 사명

지금 한국에 들어온 탈북민 속에는 적지 않는 분들이 신학을 배우고 목회자로, 주의 종으로 훈련받고 있다. 신학교를 졸업하고 목회현장에서 훈련받는 목회자들과 현재 신학교에서 열심히 최선을 다해 배우고 있는 탈북민들은 통일된 후 북한의 여러 지방에 가서 주의 복음을 전할 너무도 소중한 복음 선교사들이다. 물론 한국의 수많은 교회 지도자들과 크리스천도 북한에 들어가서 주의 말씀을 전할 귀한 동역자 들이다. 그러나 북한이 문이 열렸을 때 과연 북한의 주민들이 누구의 말을 더 실속 있게 인정하고 귀담아 들을 것인가 하는 문제는 더 말할 필요가 없다. 함께 자라고 함께 죽을 고통도 당하고 학교와 사회생활을 함께하다가 남한에 온 탈북민들의 간증과 그들의 진리의 말씀 선포가 그대로 그들에게 가슴에 커다란 울림이 되어 큰 감동을 자아 낼 것이다. 탈북민들의 말 한마디 한마디가 북한주민들에게 굉장한 영향을 미치리라고 생각한다. 그러므로 우리는 수많은 탈북민들을 신학의 전문적이고 학문적인 지식과 경건훈련을 통해 영적으로 단단히 훈련시켜 앞으로 북한에 많은 주의 종들을 파견하여야 할 막중한 책임을 지니고 있다.

사도행전 1장 8절에서 예수님께서는 "오직 성령이 너희에게 임하시면 너희가 권능을 받고 예루살렘과 온 유대와 사마리아와 땅 끝까지 이르러 내 증인이 되리라 하시니라." 라고 명령하시였다.

북한은 한국교회의 사마리아

오늘날 우리 한국 교회의 사마리아는 바로 북한 땅이다. 복음은 사마리아 북한을 통하여 유럽을 걸쳐 예루살렘으로 들어가게 될 것을 전망한다. 북한 복음화는 단지 북한에만 국한되는 것이 아니라 사마리아 땅 끝까지 복음을 전하라고 하신 예수님의 지상명령을 관철하는 열방으로 나가는 길이다. 수만 명의 새터민 들을 보내주시고 앞으로도 계속 보내고 계시는 하나님의 원대한 뜻 속에는 그들 모두를 선교사로 키워서 북한은 물론 앞으로 세계선교에까지 확장하시려는 원대한 뜻이 깃들어있다

한국 교회는 지금 보내주시는 탈북민들을 잘 섬기고 잘 양육하여 장차 열리게 될 북한 땅에 세워질 사역자로 준비하고 훈련해야 한다. 우리 한국교회가 그들을 잘 키우고 양육하는 것만큼 하나님은 북한 선교 사역에 있어서 놀라운 일들을 행하실 것이다. 성경은 복음 전도와 이방인 선교에 있어서 하나님의 일군들과 하나님의 사람들을 먼저 준비시키셨음을 우리에게 교훈으로 알려주고 있다. 구약의 창세기 요셉도 그러하였고 다윗이나 사무엘도 그러하였다. 또한 바벨론 포로시기에도 에스라를 중심으로 그러한 작업들이 이루어졌다. 신약시대 예수님도 이 땅에 오셔서 먼저 12명의 제자들, 70명의 제자들을 부르시고 훈련시키셨음을 성경을 통해서 알 수 있다. 그러므로 앞으로 북한 땅에 세워질 사역자를 준비시키고 그들을 섬기는 사업은 분단 70년이 만든 서로 다른 문화를 이해하고 장차 북한에 열리게 될 북한교회재건을 위한 복음전도의 선교 준비를 하는 것이다.

북한은 우리의 동족이기도 하거니와 하나님께서 가장 사랑하는 영혼들이 있는 곳이다. 하나님께서는 한국교회에 북한 선교라는 숙제를 주고 계신다.

용서와 화해

　복음은 이념의 노예가 된 사람들을 온전하게 치유하는 기쁜 소식이요, 생명이다. 그러기에 한국의 교회와 목회자들이 성경에 입각하여 보다 깊이 생각하고, 보다 구체적으로 실천하는 모습을 보여야 한다. 신학도, 또 설교도 구체적으로 예수 그리스도의 십자가에서 드러난 하나님의 평화, 사랑, 생명에 대한 성경의 진리를 실천할 수 있는 대안을 제시할 수 있어야 한다.

　유대인들은 예수그리스도를 대적하여 그를 적으로 삼고 십자가에 매달아 죽였다. 그러나 예수님은 유대인들을 적그리스도로 대적하지 않고 " 아버지여! 저들은 저들의 죄를 알지 못합니다. 저들의 죄를 용서하옵소서!"라고 기도하셨다. 알지 못하는 그들을 불쌍하게 여기며 주님 사랑의 대상으로 품은 것이다. 자신을 죽였던 원수들을 사랑으로 품으신 예수님의 모습은 오늘 한국교회가 공산주의를 지향하는 북한을 향해서 가져야 할 태도다. 하나님의 놀라운 경륜을 알지 못하는 가난과 무지 가운데 빠져 버린 사람들을 우리 예수님은 불쌍히 여길 것이 분명하다. 그리고 그들을 오랜 인내로 기다릴 것이다.

　그렇다면 한국교회가 가져야 할 자세는 이념을 대적하여 북한을 원수로 삼아 쳐부수고 싸울 것이 아니라, 그들을 그리스도의 사랑으로 품고 그들의 어리석음을 내놓고 기도하며, 그들의 고난과 아픔에 참여하는 진정한 그리스도인으로 살아가야 한다.

이념은 인간의 머리에서 나온 인간의 생각이다. 복음은 하나님의 말씀이며, 진리다. 하나님의 복음은 인간의 이념을 치유하고 바로 이끄는 진리다. 인간의 이념을 대적하는 또 하나의 상대적 진리가 아니라는 말이다. 기독교의 사랑은 궁극적으로 원수 사랑이기 때문이다. 북한을 원수로 보는 것이 아니라 불쌍한 무지몽매한 이방인으로 보고 그들의 죄악을 용서하고 하나님의 사랑으로 더욱 껴안고 눈물로 기도하며 그들이 자기의 죄를 깨닫고 주님께 돌아올 때 까지 최선을 다해 도와주어야한다. 예수님께서는 십자가에 달려 돌아가시면서까지 그들을 사랑하셨으며 그들의 죄를 용서해 달라고 하셨다.

우리가 싸워야 할 것은 그들이 아니라 그들 속에 들어가서 집요하게 역사하는 마귀 사탄의 역사임을 항상 명심하고 악한 사탄의 올무에서 불쌍한 우리 동족을 구원하는 일을 지속적으로 진행하여 나가야 한다.

사랑

북한 주민들과 탈북 민들은 죽기 직전까지 어려운 상황에 갔던 사람들이다. 그들의 가슴속에는 아직도 그때 받았던 상처들이 남아 있다. 하나님의 긍휼과 무한한 사랑은 강퍅한 그들의 마음을 순간에 녹이며 뜨거운 눈물로 회개하게 하고 한평생 그 사랑과 은혜에 충성으로 보답할 수 있게 하는 원동력이다. 사랑에 목마르고 굶주렸던 그들에게 자그마한 하나님의 신실한 아가페 사랑은 곧 꽁꽁 얼어붙었던 그들의 마음을 돌릴 수 있는 유일한 대안이다. 형식적이나 외교적이 아닌 예수님의 그 신실한 마음으로 다가 가고 그들을 돌봐 줄때에만이 수많은 탈북민들이 진정한 그 사랑에 감동을 받고 눈물을 흘릴 수 있다.

복음으로 통일을 이루는 미래 한국

'쉰들러'사역자로 알려진 김 목사님은 공해상의 먼 바다에 나가서 칠 흙 같이 캄캄한 밤에 그 사나운 파도와 싸우며 목숨 걸고 탈북민들을 구원하려고 모든 것을 다 바친다. 그 희생적인 모습에 감동받는 탈북민들은 오늘까지 열심히 그 목사님을 떠나지 않고 오히려 수많은 탈북자들을 전도하여 교회가 확장되고 있는 사례를 볼 수 있다. 자신에 대한 하나님의 놀라운 사랑과 은혜를 체험하고 깨닫게 되면 목숨까지도 바칠 굳은 각오를 가지고 주의 일에 헌신하게 될 것이다. 하나님의 복음 신학은 그 놀라운 사랑의 감동의 신학이다. 아무리 죄 많고 강퍅한 죄인일지라도 그 신비한 사랑에 감화 감동되면 억제할 수 없는 불붙는 충성심을 배출하게 된다.

조국의 복음 통일은 한국의 목회자들과 크리스천이 앞장서서 꼭 이루어 나가야 할 것이다. 남북한의 통일은 반드시 성경적인 통일관이 되어야 한다. 수 십 년 쌓인 지난날의 적대 감정들을 버리고 성경적인 하나님의 말씀 안에서 예수그리스도의 십자가 사랑으로 북한을 품고 도와주며 하루속히 복음이 들어가게 함으로서 그 나라 그 땅을 하나님 나라로 만드는데 최선을 다할 때다. 그렇게 할 때만이 하나님께서 기뻐하시고 놀라운 축복을 주시며 제사장의 나라로 세계 열방을 향하여 나갈 수 있는 것이다. 모든 목회자들과 크리스천은 하나님께서 주신 지상명령을 높이 받들고 우리 동족이며 부모 형제 친척들이 살고 있는 북한의 복음화를 위하여 더 열심히 최선을 다해 힘써 일해야 할 것이다.

15. 탈북민들이 안고 있는 고충과 선교의 대안

수십 년 동안 모든 것이 조직화 되고 유일지도체제로 일색화 된 북한사회에 익숙해 있는 탈북민들이 정착과정에서의 가장 큰 걸림돌이 되는 문제를 짚어보고자 한다.

조직 트라우마

이북에서 지겹도록 매주 조직생활 총화와 학습회, 강연회, 금요노동, 각종 집회 참가 등의 참가로 스트레스와 심리적 부담을 안고 살아 온 탈북민은 교회의 주일성수, 집회 참석 등의 신앙생활도 하나의 지루한 조직생활로 간주한다. 한두 번 또는 몇 번 교회에 나오다가 그만두는 현상들이 근절 되지 않고 있다.

식량이 없어 다 굶어 죽어간 생지옥 같은 세상을 탈출하려고 사지 판으로 몰려서 험한 탈북 노정을 마다하고 그들은 나왔다. 한국으로 오는 입국 노정을 개입하신 잊지 못할 하나님의 놀라운 사랑과 은혜를 생각하여 마지못해 교회에 출석하고 등록은 한다. 하지만 꾸준하게 주일예배에 참석하고 그 신앙생활이 계속 유지되지 못하고 다시 방황하는 탈북민이 비일비재 하고 그치지 않고 있다. 성경에 기록된 하나님의 진리의 말씀을 꾸준히 읽고 체득함으로써 성령님의 역사를 체험하고 의지적으로 믿음생활을 해 나가야 하는데 그렇지 않은 것이 오늘 탈북민의 현 주소다.

자본주의 경제에서의 돈

대한민국이라는 낯선 곳에 정착하는 과정에서 탈북민은 가장 힘들게 하고 신앙생활의 가장 큰 걸림돌이 되는 것은 돈이다. 돈 없이는 하루도 살수 없는 자본주의 전형인 한국 사회에서 돈을 벌어야 만이 생계를 유지 할 수 있고, 자식도 키울 수 있고, 하고 싶은 일도, 꿈과 희망도 펼칠 수 있는 현실에 직면하게 된다. 돈 에 대한 두려움과 걱정이 가장 크다. 북한에서 겪은 삶에 대한 위협, 두려움, 죽음에 대한 공포 못지않게 돈에 대한 근심과 걱정, 불안, 두려움, 앞날에 대한 절망을 떠안고 살아야 하는 탈북민의 불안정한 생활은 신앙생활을 가로막는 커다란 중요한 요인이다.

치열한 생존경쟁사회

많은 탈북민의 직업이 주일에 근로하는 식당이거나 병원의 간병 일자리,

요양원, 간호 조무사 등에 종사한다. 수많은 탈북민이 누적된 육체적인 피곤과 밀린 집안일들로 주일에 교회에 출석하지 못하고 교회와 멀어지는 것이 오늘 그들의 현실이다.

  적지 않은 탈북민들이 북한에서의 탈북과정과 제3국에서의 힘든 생활과정, 그리고 예견치 않았던 갑작스러운 공안의 체포로 강제 북송 과정을 한차례 이상은 겪었다. 북한 감옥 에서의 엄청난 시련과 고문들로 죽기 직전까지 갔다가 사지로 몰려나온 탈북 여정에서 하나님의 놀라운 사랑과 은총을 경험했고 한국에 입국했다. 바다보다 크신 하나님 사랑에 고맙고 감사한 마음을 가슴에 새기며 변함없이 매주 교회에 출석하며 수요예배, 금요철야, 새벽기도까지 빠짐없이 나가는 탈북민도 적지 않다. 반면, 매달 10만원, 혹은 20만원 쌀 한 포대씩 주는 교회만 찾아다니던 탈북민도 설교에서 울리는 하나님 말씀과 성경에 기록된 말씀들을 읽고 베껴 쓰면서 신앙생활의 참 목적을 깨닫고 자신을 변화시켜가는 탈북민도 주변에서 많이 목격한다.

북한의 유물론적 사상에 젖은 영혼의 구원

  북한의 특이한 유물론적 관념에 길들여진 탈북민 들로서는 관념론적인 사고 방식과 살아계신 하나님을 도저히 믿지 못하고 받아들이기 힘들어 하면서 신앙생활을 고민하는 분들이 너무나 많다.

십 여 년 동안 탈북민 사역을 하면서 가장 뼈저리게 느끼고 찾게 되는 중요한 교훈은 성경에 기록된 하나님 말씀을 매일 읽고 외우며 마음속에 새기지 않고서는 도저히 신앙생활을 유지할 수도 없으며 자신을 변화시키지도 못한다는 점이다. 수박 겉 핥기 식으로 다니는 교회생활은 얼마동안 다니다가도 그만 둘 수밖에 없다.

에필로그

　오늘까지의 사역을 돌아보면서 주변의 탈북민들을 더 따뜻한 마음으로 품고 그들을 모아서 정상적인 성경공부와 찬양, 간증들을 나누며 하나님 말씀으로 그들을 키우지 못한 것을 회개합니다. 아버지 하나님께 드리는 소원의 기도문으로 글을 맺겠습니다.

　"고마우신 아버지 하나님! 지난 날 삶의 소망을 잃었던 죄 많은 저희에게 인생의 새로운 의미와 삶의 정체성을 갖게 해주시고 주님과의 올바른 관계를 맺도록 인도하여 주심을 진심으로 감사드립니다. 날마다 삶속에서 이 감사를 잊지 않으며 주님을 증거 하는 자가 되게 하여주시고 주님께서 주시는 지혜로 제 것을 비우고 하나님의 것을 채우는 귀한 삶을 살게 하소서. 언제나 겸손한 자세로 제 삶을 주관하시는 하나님을 인식하며 주님 발자취 따라 묵묵히 순종하며 제게 주어진 자리에서 충성을 다하는 그리스도의 참된 신앙인이 되게 하옵소서. 저희를 통해 이루고자 하시는 하나님의 원대한 뜻을 늘 헤아리고 그 높은 뜻에 날마다 순종해 나가는 탈북민 들의 삶이 되게 하여 주시옵소서. 살아계신 주 예수 그리스도의 이름으로 감사하며 기도드립니다. 아멘"

이순옥

dltnsdhr6851@naver.com

새에덴교회 031-896-1000

김영애(총신 신대원 73기)

칼빈대 기독교교육과, 총신대 신대원, 아세아연합신학 대학원을 졸업하고,미국 Reformed Theological Seminary에서 D.Min.ICS(다문화 목회학박사)학위를 받았다. 1980년 총신 졸업 후 사랑의 교회(오정현 목사) 초창기에 5년 6개월 사역했다. 1998년 2월부터 2007년 1월까지 GMS 선교사로 있었으며, 현재 암미선교회 대표이다(1995~현재). 저서로는"말은 안 통해도 선교는 통한다" (2015.서울; 샘솟는 기쁨)가 있다.

인사의 글

이주민 선교로 부르심의 은혜

　　이주민 선교를 시작하고 외국인들이 많아지면서 주일설교 준비조차 제대로 하지 못하고 강단에 설 때도 있을 만큼 혼자서 이리 뛰고, 저리 뛰며 동분서주해야 했다. 게다가 다국적 외국인들의 문화 차이에서 오는 당황과 갈등은 감당하기에 벅찼다. 한번은 가까운 친구 전도사에게 마음을 털어놓으며 "하나님이 이렇게 내게 어려운 일을 시키신다. 내가 교만해서 그러시는 걸까?"라고 물었다. 내심 위로의 말을 기다렸는데 그 친구는 곧바로 "맞지, 교만하잖아?"라고 해서 허탈한 쓴웃음을 웃기도 했었다.

　　이렇듯 힘든 이주민 선교가 계속되면서 "주님, 이 어려운 선교를 제게 시키시는데 이 가운데 이슬람권 선교 열매가 하나라도 나오게 해주시면 소원이 없겠습니다."라는 고백이 나왔다. 재정난으로 월세를 3개월이나 밀려 여름에 수박 한 통을 사들고 건물 주인을 찾아가 사정한 때도 있었다.

　　그러나 과연 하나님이 하시는 일은 놀랍게 이슬람권선교의 열매만해도 9명의 수세 자가 나왔다. 필리핀, 페루 등 다른 국적들의 선교열매는 더욱 풍성해서 그중에 여러 명의 사역자까지 나왔다. 먼 남미 페루는 3명의 사역자에다 스페인어 통역을 하던 한국인 사역자가 GMS 선교사로 그곳에 파송하게 되므로 4명의 사역자를 배출했다.

작업 중 오른손의 손가락 세 개가 절단되는 사고를 입은 필리핀 형제는 귀국 후 목사가 되어 2015년부터 Aurora Province에 있는 장로교회와 Kailinga 지역의 사역을 겸하고 있다.

한 인도 형제는 귀국 후에 가족을 다 전도해서 가정교회를 만들더니 결국 목사가 되고 자기 명의의 밭에 교회를 건축했다. 힌두교 동리의 유일한 그 교회는 건축한지 4년여 만에 벌써 100여명이 모이는 자립한 교회가 되었다. 이주민 선교가 선교 목회가 되면서 선교사인 내게 목사안수가 절실하게 되었다. 하지만 성격상 스스로 목사안수를 받겠다고 나서지 못할 때도 하나님은 간섭하셨다. 주 후원교회가 후원을 중단하는 바람에 GMS에서 나오게 된 얼마 후, 이른 새벽에 운영위원회 목사들이 이 문제를 의논했다. 나의 안수 건을 놓고 다 찬성을 했는데 그중 한 분이 비판섞인 말을 길게했다. 그러나 그 말이 끝나자마자 사회자 목사님이 나를 향해 "그럼 다 좋다고 했으니 안수를 받으세요!"라고 해서 웃은 기억이 새롭다.

이 글은 사역 일선에서 틈틈이 써 온 일기와 뉴스레터, 그리고 암미홈페이지 칼럼에 실은 글들인데 이번에 총신 여동문 출판부를 통해서 출간하게 됨을 감사드린다.

부족하나마 이 글이 누구나 쉽게 이주민선교를 이해하며 다양한 방법으로 참여하게 되는 촉진제가 되기를 소망한다.

2019년 2월 김영애

1. 노엘

어제 한 기독교 TV에서 인터뷰 신청이 왔다. 매 순간 만사를 간섭하시는 하나님의 오묘한 섭리를 새삼 떠올리는 시간이었다. 내가 이주민 선교를 하리라고는 꿈에도 생각지 못했는데 어느새 24년째 하고 있으니 말이다. 이주민 선교의 시작은 서울 구로공단에서 만난 한 필리핀 형제가 남양주시 진접읍에 소재한 공장으로 이전해 와서 그를 한번 만나러 간 것이 계기가 되었다.

노엘이라는 이름을 가진 그 형제는 가는 곳마다 임금 체불 문제로 지쳐있었다. 죽도록 일을 하고도 임금을 떼이고 그나마 절약해서 간신히 모은 몇 푼의 달러를 직장 상사인 한국인에게 빌려주었는데 "너, 불법이지?" 라며 신고하겠다는 협박을 받고는 붙잡히는 줄 알고 겁이 나서 돈을 포기했다고 한다. 그런 사정도 모르고 장남인 그가 돈을 보내주지 않는다며 원망하는 부모의 전화를 받을 적마다 노엘의 심정은 찢어지는 것 같다고 했다.

온종일 울면서 일을 한다는 노엘이 남양주시의 새 직장으로 오게 되었을 때는 약해진 건강이 거의 무너져 내려 있었다. 내가 구로 공단에서 그를 처음 만났을 때, 몹시 지치고 피곤해 보이기에 그의 어깨를 주물러 주니까 "내 몸은 그런 정도로는 회복이 안 되어요" 라고 했던 말이 생각났다. 그는 돌아갈 비행기 표와 아이들 선물을 살 정도의 돈만 준비되면 귀국하고 싶다고 했다. 그런 그를 위로하려고 그 공장에 찾아갔을 때, 놀랐던 것은 그곳이 큰 공장지대로 많은 외국인근로자들이 있었다는 점과 어떤 교회도 그들에게 손길을 펴지 않고 있다는 것이었다.

나는 그 당시, 선교를 목적으로 미국의 한 교회의 초청을 받아 비자를 기다리고 있던 터라 미국에 가기 전 잠정적으로 주말에 그곳을 방문하며 외국인들을 만날 생각이었다. 그때만 해도 외국인 근로자들의 열악한 상황이 사회적인 문제가 되곤 했다. 인권의 사각지대에 있는 그들을 돕는 일이란 남자도 어려운데 독신 여전도사인 나로서는 정말이지 벅찼다. 그런 나에게 노엘은 암미의 그루터기가 되었다. 노엘은 떠나기 전, 필리핀 형제 몇을 나에게 소개했다. 그 중에 암미 초창기에 가장 중요한 멤버로 있던 죠위가 있었다.

노엘은 떠나면서 "내가 한국에 와서 한 것이 있다면 당신을 선교사(missionary)가 되게 한 것일 거예요" 라고 말하며 그의 나라로 돌아갔고 그의 말대로 지금 나는 선교사가 되어있다.

2. 촛불 예배

암미의 초창기 때는 외국인들이 내는 얼마의 등록비로는 엄두를 못내는 것이 수련회였다. 그 당시 구로 공단에 있는 희년선교회의 신세를 참 많이 졌다. 한번은 인도인들을 주축으로 30여명의 외국인들을 인솔해서 영종도에서 있는 수련회에 참석했었다. 수련회의 하이라이트인 둘째 날 저녁은 외국인들이 좋아하는 훼스티벌, 포크 댄스 등을 가진 후 마지막으로 촛불예배가 준비되고 있었다. 촛불이 하나, 둘, 점화 되는 순간 나는 이들이 설교를 잘 듣고 모두 결단할 수 있기를 간절히 기도하고 있었다. 그런데 뜻밖의 일이 내게 일어났다. 갑자기 옆에서 누군가가 손을 뻗혀 내 왼쪽 어깨에 슬그머니 올려놓는 것이 아닌가. 절실하게 기도 하는 순간에 상상 못한 일이다. 나는 반사적으로 벌떡 일어서서 보니 회교권 출신의 한 외국인이었다. 내가 놀라서 쳐다보니까 "피곤해서"라고 얼버무린다. 포크댄스 후 실내 전등이 꺼지고 촛불이 켜지니까 분위기를 착각했다. 나를 여자로 보고 순간적으로 나타난 행동이다. 문화가 다른 선교는 이래서 어렵다.

3. 새벽 송

암미교회가 시작되고 8년째 되던 해의 성탄이 생각난다. 일곱 명의 자원봉사자들이 성탄 새벽송을 준비하고 있었다. 예고 없이 가는 일이라 일일이 전화나 휴대폰으로 불러내야 하는데 한밤중에 그런 일들이 잘될지 염려되었다. 자원 봉사원들은 머리에 빨간 산타 모자를 쓰고 캐럴을 준비하고 선물도 세련되게 포장을 했다. 말이 새벽송이지, 일을 마친 성탄 이브의 초저녁에 찾아가기로 하고 먼저 인도인들이 많은 공장지대를 방문했다. 가는 곳마다 탄성을 지르며 좋아했다. 페루에서 온 자매는 눈물을 글썽인다. 안개가 자욱해서 앞을 내다보기가 어려울 정도로 시야가 가려있는 늦은 밤까지 공장일대를 다 돌았다. 그리고 주일이 되었다. 그동안 보이지 않던 얼굴들이 미소지으며 나타났고 교회를 멀리했던 필리핀 형제 프레드가 한 달이라는 공백을 깨고 나왔다. 새벽(이브) 송은 타국에서 맞은 특별한 성탄으로 그들에게 기억될 것이다. 이렇게 우리 주님은 영적으로는 약하고 힘없는 우리 외국인들을 만나주셨다

4.소풍가는 선교

이주민 선교 초창기에는 구정과 추석연휴에 하는 수련회에 가장 큰 비중을 두고 공을 들였다. 평소 부족한 부분을 보충하여 집중적으로 선교의 효과를 극대화해보자는 전략이었다. 수련회가 다가오면 홍보를 하며 일찌감치 분위기를 잡는 것이 매우 중요한데 그럴 때마다 성경에 나오는 비유, 곧 잔치를 배설하고 강권하여 사람들을 초청하는 그 안타까운 심정이 되곤 한다.

특히 십여 년 전의 추석 수련회 기억이 새롭다. 그간의 경험을 거울삼아 최선을 다해 준비했다. 수련회 장소는 물론, 프로그램도 그저 최상의 것이 되게 했다. 그런데 출발 당일 웬일인지 당연히 숫자가 가장 많아야 할 필리핀 사람들이 열한 명뿐이었다. 얼마나 실망이 되었던지. 선교하다 보면 예기치 않은 일이 많이 생겨서 늘 유연하게 대처해야 함을 알면서도, 평소 필리핀 사람들의 영적 부흥이 중요한 기도 제목이어서인지 그런 답답한 현실을 도무지 소화하기가 어려웠다. 그런데 수련회가 시작되면서 곧바로 하나님의 하시는 일을 볼 수가 있었다. 이 수련회에 단지 소풍가는 기분으로 몰려든 많은 외국인이 예상 밖에 진지한

태도로 복음을 듣는 것이 아닌가! 특히 눈에 띄는 그룹은 단연 이란인들이었다. 그들은 숫자만도 이제까지의 수련회 중에서 가장 많은 25명이었다. 이란인들이라면 수련회에서 그저 재미있는 놀이나 좋아하고 설교 시간에는 다 밖으로 나가버리는 사람들이 아닌가? 그런데 신기하게도 이번에는 그 양상이 달랐다. 그들은 시종 설교 시간에 자리를 뜨지 않았고, 영어 통역자도 진지하게 통역에 열중하고 있었다.

둘째 날 오전, 이들을 위해 준비한 예수의 생애를 보여주는 영화 상영은 아주 적절했다. 그들은 시종 영화에 열중했고, 자기들을 위해 그 시간을 마련해 준 것에 대해 감사를 표했다. 자기들의 코란에 나오는 예수와 다르다고 고개를 갸웃하며 성경에 새로운 관심을 표하는 사람도 있었다. 한국이 아니면 어디에서, 그것도 집단으로 그렇게 예수 영화를 볼 수가 있을까?

아쉽게도 비가 오는 바람에 둘째 날 오후 예정의 미니 올림픽이 취소되었다. 나는 모든 일정의 책임자로서 필리핀 그룹이 많이 참석하지 못한 문제에 이어 궂은 날씨로 인해 다시금 마음이 무거워지는 순간이었다. 그러나 다음날, 그 맑고 청명한 날씨는 위로부터의 특별 선물이었다. 충주댐 관광을 통해 선상에서 그림같이 아름다운 주위 정경을 즐기며, 문득 출발할 때의 그 심각했던 순간을 떠올렸다. 그리고 혼자서 말했다. "우리 수련회는 소풍가는 선교로구나! 그런데 왜 그렇게 긴장을 많이 했을까?"

돌아오면서 차 안에서 한 인도인이 만면에 웃음을 띠고 내게 다가오더니 이제부터 자기는 암미 교회에 매주 출석하는 좋은 멤버가 될 거라고 했다. 굳이 말로 권하지 않아도 수련회를 통해 마음이 풍성해진 결과일 것이다.

장시간을 자나 깨나 오직 일에만 묻혀있는 이 땅의 나그네들, 이주 노동자들이야말로 소풍의 분위기를 필요로 하는 자들이다. 그러기에 갈수록 수련회 규모가 커지고 거기에 따르는 많은 재정이 부담으로 다가와도 이국땅에서 고달픈 이들이 하나님의 사랑을 체험하고 활짝 웃는 모습을 볼 때마다 소풍가는 선교를 중단할 수 없을 것 같다. "선교는 소풍이다"라고 생각하니 내 마음도 한결 가벼워진다.

5. 인도인 선교

오래전의 일이다. 아마 15년은 되었을까? 하루 코스의 야외예배를 강원도 춘천의 중도섬으로 정하고 등록비 명목으로 입장료 3천원을 내도록 했다. 주일 아침에 몰려든 외국인들이 125명이나 되는 바람에 이들을 인솔할 교통 문제가 난감해졌다. 그런 판에 인도인들의 집단 항의가 있었다. 자기들의 즐거운 여행을 위해 버스 한 대에 다 같이 타겠다는 것이다. 안 그러면 승차를 포기하겠다고 으름장을 낸다. 다행히 먼저 버스에 타고 있던 페루인들 열댓 명이 자리를 양보해서 수습되었지만 출발도 늦어지고 분위기 또한 말이 아니었다. 거기다가 등록비를 거두는데 34명의 인도인가운데 20명이 돈을 내지 않고는 냈다고 우기며 버틴다. 그동안 이런 일은 없었기에 상상도 못 한 일이다. 도착해서도 그들은 오로지 놀자 판 분위기로 몰아가는 것이었다. 지난해 추석 수련회 때도 인도인들로 인해 얼마나 힘이 들었는지 모른다. 평소 저녁 식사를 밤 9~10시에 하고 새벽에는 커피를 찾는 그들의 생활패턴이 모든 사람의 잠자리를 설치게 했다. 주방에서는 밤새 음식 재료들이 박스째 없어졌다고 난리다. 더욱 더 곤혹스럽게 만든 것은 필리핀인들이 이런 모든 일로 단단히 시험에 든 것이다.

인도인들로 인해 마음이 상한 나는 그들에게 거리를 두고 지내다가 새로운 사실을 접하게 되었다. 인근 광릉내 소재의 한 안식교가 좋은 의료 프로그램을 가지고 매주 공장마다 차량을 동원해서 인도인들을 데려다가 그들의 건강을 체크하고 진료해 준다는 소식이었다. 이 일은 영적으로 우리를 크게 일깨우는 계기가 되었다. 수련회로 인해 무거워져 있는 분위기의 수습책으로 나는 "선교의 중요성"을 가르치기 시작했다. 믿음이 없는 인도인들을 우리가 품어야 한다고 일깨워주었다. 그러자 다시 인도 선교가 활기를 띠기 시작했고, 두 달간의 선교 교육이 있고 난 뒤 인도인을 중심으로 헌신예배를 드리기로 했다. 하지만 그들은 말뿐이었다. 하겠다고 하고는 아무런 준비도 하지 않고 나타났다. 청소마저도 나의 진두지휘(?)로 간신히 이루어졌다. 그러나 놀랍게도 하나님은 그들을 사랑하셨다. 금광교회 청년부 팀을 보내주신 것이다. 그들은 인도 국기를 만들고 국기 색깔에 맞는 풍선으로 강단과 예배 실을 장식했다. 인도인의 의상을 입고 나와 워십 댄스와 드라마를 해 주어서 아주 특별한 예배가 되었다. 인도의 지진 참사를 한눈에 볼 수 있는 필름을 보여주고 지진을 위한 헌금도 했다. 인도 선교에 경험이 있는 강사가 그들과 호흡을 같이하는 설교를 해 주어서 예배실의 좌석을

꽉 채운 인도 헌신예배는 헌신예배가 아니라 인도인들을 사랑으로 초청하고 복음을 듣는 뜻 깊은 인도 선교의 날이 되었다. 하나님께서 이들을 위해 감동적인 선교축제를 친히 계획하시고 실행하신 것이다. 그해 추수감사절에 다섯 명의 인도인들이 세례를 받는 귀한 결실이 있었다.

6. 다르마가 세례를 받던 날

인도에서 온 40세의 다르마가 오늘, 그렇게 원하던 세례를 받았다. 육체적인 일이 힘든 나이지만 밤낮으로 일하는 콩나물 공장에서 겨우 3시간의 쪽잠을 잔다는 안쓰러운 형제다. 주일을 지키려고 밤새도록 일을 하는 모양이다. 주일을 특별한 날이라고 생각하는지 가끔 콩나물을 박스에 담아서 들고 왔다.

다르마가 교회에 처음 모습을 나타낸 것은 지난해 겨울, 성탄을 앞둔 무렵이다. 예배 시간에 경청하는 자세가 진지하더니 인도 헌신예배에서 인도인 모두가 말만 하고 아무런 준비를 하지 않아서 마음이 상했었는데 유일하게 다르마는 작품 하나를 만들어왔었다. 작은 나무 한 그루에 생딸기들을 매달았는데 딸기 송이 하나하나에 성령의 열매 이름을 붙여서 갖고 나왔다.

내게 너무 자주 전화를 하기에 "주위에 가까운 친구가 그렇게도 없느냐"고 했더니 "자기 친구는 예수님과 나, 둘 뿐이다" 라고 대답하는 것이었다. 이렇게 어수룩하고 힘이 없어 보이는 다르마가 어느새 세례를 받을 준비가 되어 있었다. 세례식이 있는 주일 아침, 그는 일찍 나에게 전화를 해서 "오늘 세례를 받고 기독교인이 되려 할 때 혹시 먹는 문제에 조심해야 할 부분이 있는지?"를 물어왔다. "예수님은 먹는 음식이 문제가 아니라 사람의 부패한 마음에서 나오는 것들이 문제라고 하셨다"고 대답해 주니까 "역시 참 진리의 말씀"이라며 탄복한다. 한국에 온지 2년이 된다는데 하루하루가 힘들지만 세례를 받는 오늘이 가장 의미 있는 날이라며 귀국하면 자기 집 대문에 "이 집은 예수 믿는 집"이라고 써놓고 싶다고 한다.

7. 이 일은 주님 자신이 하셔야 할 일이 아닙니까?

주일오후, 암미 다문화센터 인근에 있는 초등학교 실내체육관에서 필리핀 그룹이 중심이 되어 배구대회를 열었다. 경기장 정면에는 보란듯이 대문짝만하게 '암미 스포츠 훼스티벌'이라고 쓴 현수막을 걸어놓고, 옹기종기 자유롭게 둘러앉은 외국인들은 배구공이 네트를 넘어갈 적마다 함성을 질러서 대회의 열기를 더했다. 그들은 승부욕보다는 스포츠 자체를 즐기는 모습이었다. 지난주에 이어 두 차례 배구대회를 하면서도 번번이 멋진 개막식을 갖고, 시상식은 별도로 다음 주일에 가질 거라고 한다. 한 필리핀 자매는 치어걸 차림으로 전체 진행을 하여 즐거움을 선사했고, 배구를 하지 않으면서도 유니폼만 입고 폼나게 다니며 팀을 응원하는 자매들도 있었다. 필리핀 팀이 주도했지만, 네팔과 캄보디아도 게스트 팀으로 참여해 막상막하인 솜씨를 뽐내어 흥미가 더했다. 한편 배구대회를 하는 중에 센터에서는 베트남 팀이 자발적으로 베트남 음식 재료를 사다가 주방에서 자기들이 좋아하는 반 새우를 만들어 먹고 있었다.

더워지는 6월 중순의 주일 오후, 여기저기서 함성과 즐거움의 소리로 가득했다. 모두 어린아이들처럼 좋아하는 분위기가 여간 흐뭇한 것이 아니었다. 특별히 그 초등학교의 실내 체육관이 우리에게 꼭 필요한 배구 코트 시설을 가지고 있는 사실이 놀라웠다. 깡통형의 체육관은 가끔 장구를 치는 소리가 나던 곳인데 그 안에 그렇게 좋은 배구코트가 있을 줄 몰랐다.

5월 초, 배구대회 장소를 미처 물색하지 않은 상태에서 전임사역자가 급히 사 임하는 바람에, 장소 섭외의 책임이 내 몫이 되어 심적으로 매우 부담을 안고 있었다. 가능할 것 같은 인근의 고등학교 운동장을 문의해보니, 우리가 기독교 선교단체라는 이유로 요청을 거절하였다. 그 학교는 지역에서 보기 드문 불교 배경을 가진 학교다. 나는 즉각 강력한 기도를 했다. "주님, 그들이 말한 것을 들으셨지요? 모든 영토가 주님께 속한 것인데 우리를 거절했습니다. 그러니 전도와 교제를 목적으로 하는 이 중요한 배구대회의 장소를 주님이 직접 일하셔서 준비해 주세요. 이 일은 주님 자신이 하셔야 할 일이 아닙니까?"

그리고는 주변에 있는 작은 규모의 대학을 찾아갔을 때, 실망스럽게 학교 두 건물에서 아무도 만날 수 없었다. 암미 센터에서 가장 가까운 초등학교를 찾은 것은 오후 5시 반 경이었다. 사실 초등학교이기에 축구나 농구가 아닌 배구시설을 기대할 수가 없어서 그냥 한번 들리자는 생각이었다. 1층 행정실은 이미 문이

닫혔고, 어떤 사람이 2층에 교사들이 좀 남아있을 거라고 하기에 2층으로 올라가 교무실 문을 열었다. 그러자 나이든 한 교사가 미소로 나를 맞이하며 차를 한잔 할 것을 권하기에 차를 마시며 곧바로 내가 찾아온 취지를 말했다. "실내 체육관을 빌려서 배구 좀 하고 싶다"고 말했더니 전화번호를 남기고 가면 내일 연락을 주겠다고 한다. 그러나 기대는 하지 말라는 말에 지나가는 말로 나도 한 마디 던졌다. "이 학교에 믿음이 좋으신 교감 선생님이 계시다고 들었는데 한번 뵙고 도움을 요청해 보고 싶은 데요"라고 했더니 내 왼쪽 옆에 서있던 한 교사가 바로 내 앞에 계신 분이 교감 선생님이라고 했다. 그러자 그 장본인은 크게 웃더니 커피 한잔을 내게로 가져오며 자리에 앉는 것이었다. 졸지에 교감 선생님으로부터 두잔 째 차를 대접받았다. 그는 이 학교에도 20여명의 다문화가정의 아이들이 있다면서 우리 다문화센터의 일에 관심을 보이며 내 말을 들어주었다.

다음 날 아침, "행정실에 가서 수속을 밟으라"는 반가운 문자가 왔다. 기대감을 가지고 찾아가니까 한 담당자가 곧바로 나를 교장실로 안내했다. 교장 선생님은 나를 보더니 "자꾸 빌려달라면 안 된다"며 이번만 허락하겠다고 한다. 이렇게 해서 배구 코트로 완벽한 시설을 갖추고 있는 체육관에서 마음껏 기쁨을 누릴 수 있었다.

우리 주님은 얼마나 세밀하신지, 만나야 할 사람을 그 시간에 정확하게 만나게 하시고 배구대회가 가능하도록 이끌어 주셨다. 참새 한 마리가 떨어지는 것도 다 하나님의 허락이 있어야 하고, 우리의 머리털까지도 세시는 주님은 과연 만사를 주관하시며 섭리하시는 분이시다. 이번 배구대회의 기쁨이 더 배가된 이유이다.

8. 주기도문 암송대회

암미의 외국인들 대부분이 아직 주기도문을 알지 못하고 있다. 두 차례에 걸쳐 주기도문 설교를 하고서 주기도문 암송대회를 한다고 광고를 냈다. 그룹별로 암송하기로 정하고 인원이 많은 필리핀은 세 그룹이 되고, 모두 합치면 아홉 개 팀이 된다.

예배 후 주기도문 암송대회 시작을 알리자 여기저기서 모두 웅성거린다. 도무지 집중되지 않기에 독창자가 나와서 주기도문을 독창하는 시간을 가졌다. 그래도 어수선하기에 한국말로 '입!'을 여러 차례 따라 하도록 해봤다. 그래도 소용이 없기에 박수를 서너 차례 치면서 조용히 하라니까 영문도 모르고 따라 손뼉을 치는 무리가 있었다. 알고 보니 모두 주기도문을 외우느라고 정신이 없는 것이었다.

심사위원인 두 분 목사님이 맨 앞자리에 자리를 잡고 팀 별로 한 팀씩 나와 주기도문을 외웠다. 공장에서 일하면서 열심히 주기도를 외운 흔적이 역력해 감동되었다. 서로 손을 잡고 긴장하면서 주기도문을 외우는 모습은 꼭 주일학교 어린이들 같았다. 아홉 팀이 각자 자기들끼리만 통하는 말로 주기도문을 외울 때, 언어와 문화가 달라도 우리가 참으로 주안에서 한 형제임을 실감했다. 처음에는 주기도문이 짧아 너무 빨리 끝나면 심심할 줄 알았는데 긴장하여 주기도문을 외우느라 공백 시간이 자꾸 생겼다. 나도 청중들의 요구에 갑자기 영어로 주기도문을 외워야 했다. 사역자들은 순발력을 발휘해 독창도 하고 필리핀 목사님은 목사 비자를 받으려고 출입국 관리소에 갔을 때 있었던 간증을 했다. 담당 직원이, 목사가 진짜인지 알기 위해 주기도문을 외워보라고 했다는 적절한 간증이었다.

심사를 맡은 두 목사님들 중에 미국에 오래 계셨던 목사님은 우리들이 하듯이 간단히 심사평을 하고 우승팀을 발표하는 것이 아니라, 칠판을 가져와서 각 팀의 점수 기록의 현황을 상세히 써서 보여주므로 역사상 첫 번째 주기도문 암송대회 분위기를 고취시켜주었다. 모든 팀에게 칭찬을 아끼지 않고, 아기를 안고 나온 팀은 1점을 더 주는 등 기지를 발휘해 분위기를 한껏 살려주었다.

필리핀 팀이 주기도문을 '따갈로그'어로 노래해서 우승했다. 차점을 얻은 남미 팀이 왜, 주기도문을 노래로 해도 된다는 말을 미리 해 주지 않았느냐고 불평하기에 만일 남미 팀이 목소리를 크게 냈더라면 우승을 할 수 있었을 거라고 대답해 주니까 조용해졌다. 순간적으로 어떻게 그런 좋은 답이 내게서 나왔는지 모르겠다. 한 명뿐인 인도네시아 형제와 다문화가정의 한국인 남편에게는 더욱 분발해서 멤버들이 많아지라는 의미에서 장려상을 수여했다.

아름답게 포장된 선물을 받으며 수상자들이 기뻐하는 동안 특별한 광고가 있었다. 미처 준비하지 못해서 아쉬워하는 멤버들을 위해서 한 달 후에 주기도문 암송대회를 한 번 더 갖기로 했다. 주기도는 주님이 가르쳐주신 하나님 중심의 기도 모범이다. 이번 기회로 나 자신부터 주기도문을 항시 외우면서 의미를 묵상하는 습관을 가지기로 했다.

우리 외국인 지체들이 그 의미를 묵상하며 외우므로 믿음이 더 좋아진다면 얼마나 좋을지를 상상해본다. 주기도문이 이들의 기도생활을 가능하게 해주고 나아가 능력 있는 기도의 사람들이 되기를 소망한다.

9. 암미 피기

주일예배 시간에 의미 있는 동영상을 시청했다. "암미 피기가 어디로?"라는 제목의 짧은 동영상이었다. 피기는'돼지 저금통'을 지칭하는 말로 암미 외국인 지체들이 다 함께 참여하는 자선 운동이다. 돼지 저금통 하나에 10원, 100원 그리고 500원짜리 동전을 가득 채우면 5만 원 정도의 돈이 모인다. 연초에 김명혁 목사님이 강사로 오셔서 설교하시다가 암미의 피기 운동을 칭찬하자 크게 고무되어 손뼉을 친 적도 있었다. 암미에서 가장 큰 그룹인 필리핀은 피기뿐 아니라 필리핀 '뿔로' 의 빈민촌 출신 어린이 두 명을 입양하여 따로 지원한다.

해외의 가난한 어린이들에게 보내지는 암미 피기는 필리핀과 인도, 캄보디아, 베트남, 네팔 등 아시아 5개국과 남미의 페루, 파라과이 2개국, 그리고 아프리카 가나까지 모두 8개국에 전해지고 있다. 피기 동영상은 각국의 저소득층 어린이들이 피기 선물을 받고 좋아하는 모습을 담고 있었는데 모두에게 큰 관심을 불러일으키기에 충분했다. 그동안 피기 운동에 적극적으로 참여해왔던 지체들이 흐뭇해하는 분위기를 느낄 수 있었다.

어느 나라든지 어린이들은 티 없이 맑다. 가난한 환경에도 찌든 얼굴을 찾아보기 어렵다. 찢어진 옷을 입고서 해맑게 웃는 아이들의 모습이 얼마나 귀엽고 사랑스런지! 동영상의 화질이 좋지 않아 언제 끊어질지 모르는 긴장의 연속에서도 처음으로 본 피기 영상은 깊은 인상을 남겼다.

피기 운동은 암미 초창기에 후원자 발굴을 위해 시작한 것이었다. 그때 내가 몇 명의 운영위원 목사님들에게 피기를 한 자루씩 나눠주고 교회들의 참여를 부탁했었다. 그러나 결과가 미진하여 이내 흐지부지되고 말았다. 할 수 없이 남은 피기는 외국인들에게 구제를 가르치려는 목적으로 소개하며 참여하도록 했었다. 그런데 점차 확산이 되더니 이제는 헌금 시간에 심심찮게 피기가 올라오곤 한다.

오랜 세월을 지내오는 동안 피기 모금 액수도 많아져서 일 년에 150만 원, 많으면 200만 원까지 모여 특별한 행사 때는 각 나라에 보내고 그 내용을 주보에 상세히 기록한다. 특히 맥추감사절에 가장 많은 액수를 보내게 되는데 한국에 와서 수고하며 첫 열매의 기쁨을 감사할 뿐 아니라, 가난한 해외의 어린이들을 기억함으로써 외국인들에게 의미 있는 맥추감사절이 되고 있다.

피기와 관련된 간증들도 있다. 어린이들이 많은 파라과이의 빈민촌에서 사역하시는 한 선교사님이 교회 공사를 하다가 인부들의 인건비가 급한 상황에서 통장에 돈이 없는 것을 알면서도 현금인출기로 갔다가 기적을 경험했다고 한다. 혹시나 하는 마음으로 당시 필요했던 200불을 입력해 봤는데 '드르륵~'소리와 함께 거짓말처럼 그 돈이 쏟아져 나온 것이다. 그 200불은 바로 하루 전날 암미가 보낸 피기 후원금이었다. 언젠가 그 선교사님이 암미에 와서 그 간증을 했을 때, 우레와 같은 손뼉이 터져 나왔던 기억이 지금도 생생하다.

한번은 네팔에 보내는 피기 문제로 한 선교사님과 통화를 했는데 그분이 감사하다며 찾아와 점심 식사를 대접하는 것이었다. 그 날은 마침 내 생일이기도 했는데 네팔 선교사님과 요긴한 대화를 나눌 수 있었다. 암미에 네팔 인들이 있어도 그들을 돌볼 일꾼이 없다고 했더니 그 선교사님이 국내에 머무는 동안 암미에 나오겠다는 것이었다. 선교사님도 내심 그런 사역의 장을 찾고 있었다고 하니 피차 얼마나 기뻤는지 모른다. 피기가 준 기쁨이 아닌가!

세상 마지막 때에 있을 징조들(signs)의 하나로 주님이 말씀하신 가난(기근)이 처처에 심각하다. 세계 곳곳에서 여러 나라들이 경제 위기로 허덕이고 있다. 전 세계 4억여 명의 어린이들이 절대 빈곤 속에 있다는 안타까운 소식이다. 유니세프(Unicef)에 의하면 아프리카에서는 영양실조로 피골이 상접한 아이들이 5초마다 한 명씩 죽어간다고 한다.

후원금 조성을 목적으로 암미 초창기에 시작했던 피기 운동, 그 피기를 주님은 해외 가난한 어린이들을 위해 사용하게 하셨다. 그것도 외국인 지체들의 믿음을 키우면서 그들의 손에서 이런 귀한 일이 일어나게 하신 것이다. 주는 자가 더 복되다고 말씀하셨으니 얼마나 귀한 섭리인지 모른다. 이번 사순절에 극빈자들을 위한 이런 피기 운동을 전개해보는 것은 어떨까?

10. 가랑비의 은혜로운 야외예배

지난주일(2015.5.), 가까운 산림교육원에서 야외예배가 있었다. 평소에 예배는 참석하지 않지만, 한국어를 배우러 오는 이주민들과 함께 가려고 가까운 곳으로 정했다. 산림교육원은 지난해 다문화가정 숲 치유 클리닉을 개최하면서 우리를 초청한 바 있었다. 덕분에 새소리, 바람소리, 물소리를 들으며 46명의 다문화가정의 가족이 좋은 시간을 보낸 경험이 있어서 올해도 한껏 기대를 하며 일정에 차질이 없게 준비를 했다. 산림교육원은 참가자들의 안전을 위해 보험을 들어야 한다는데 연락도 잘 안 되는 외국인들의 등록번호와 주소 등을 정확히 수집하는 것이 여간 번거로운 것이 아니었다. 그래도 109명이나 등록을 시켰다. 그런데 행사 이틀 전에 갑자기 참석 인원을 70명으로 제한해 달라는 부탁이 왔다. 이미 멤버들에게 공지가 나갔는데 이런 일이 벌어지다니. 특별히 이번에 처음으로 예배에 참석하게 될 한국어 교실의 멤버들을 생각을 하니 더 곤란한 상황이었다. 게다가 주일 아침에 비가 온다는 일기 예보에 더 무거운 분위기가 되었다.

드디어 주일 아침, 우리의 기도에도 불구하고 아침부터 가랑비가 추적추적 내렸다. 인원이 얼마나 올까 걱정이었다. 70명보다 많이 와도 걱정이고 너무 오지 않아도 행사가 초라해질 상황이었다. 멤버들이 한 둘 씩 오기 시작하더니 결국 80명이 모였다. 산림교육원의 야외 교육관 규모에 딱 맞는 인원이지만 10명의 추가인원이 걱정이었다. 산림교육원 관계자가 준비한 70명의 명찰을 가지고 왔을 때, 속으로 걱정되었다. "이름을 확인하면 등록이 안 된 사람들이 탄로 날 텐데." 그래서 순간적으로 재치를 발휘했다. "일일이 이름을 부르며 나눠주면 시간이 오래 걸릴 것 같으니 곧 바로 순서를 진행 합시다"라고 제의하자 "그러면 그렇게 하라"고 한다.

사면이 나무와 꽃으로 어우러진 숲속의 나무교육관은 우리가 예배드리기에 안성맞춤이었다. 주일예배가 흐트러짐 없이 잘 진행되었다. 가랑비마저도 친근하게 느껴졌다. 예배 후에는 멀리 청주에서 온 네 분 강사의 숲 체조로 즐거웠다. 그분들은 비가와도 할 수 있는 활동들을 준비해왔다. 먼저 솔방울, 풀잎 등의 천연 미술 재료를 이용해서 작품을 그리게 했다. 테이블마다 그림 작업이 한창이고 멋진 작품들이 여기저기서 나오자 탄성이 나오곤 했다. 나무 사이에 긴 줄을 치고 완성된 그림을 걸어 놓았다. 낭만적인 숲속 갤러리다. 비를 맞으면서 자기들이 그린 그림 앞에서, 또는 좋은 그림이라고 생각되는 그림 앞에서 사진을 찍느라 분주하다.

바로 그때, 깜짝 기쁨이 기다리고 있었다. 산림교육원 원장님이 풍성한 간식을 들고 등장하신 것이다. "오늘 산림교육원에 오신 여러분을 진심으로 환영합니다. ... (중략) 앞으로 암미 다문화센터가 경기도에서 최고의 다문화센터가 될 뿐만 아니라, 나아가 한국 최고의 다문화센터가 되시기를 바랍니다!" 그 인사말에 모두가 고무되었고 무엇보다 간식 때문에 기뻐서 난리다. 그렇게 까다로운 절차로 우리를 힘들게 하다가 이런 기쁨을 주다니. 식사 후에 세 팀으로 나뉘어 제기차기, 새총 놀이 등의 게임을 즐겼다. 그 중에 한 팀은 비가 문제되지 않는다며 용감하게 밖으로 나가서 큰 밧줄로 줄넘기를 즐긴다. 어른이나 아이들 모두 똑 같은 놀이를 하나같이 좋아하는 것이었다. 주님이 준비하신 복된 야외예배였다.

11. 열쇠고리 단상

아프리카 선교를 다녀온 다문화가정 주일학교 전도사님이, 내게 주는 선물이라며 열쇠고리를 네 개나 선물했다. 사실은 아프리카 케냐에 간다기에 열쇠고리 하나를 부탁했는데 내가 열쇠고리를 좋아하는 것을 감지했는지 네 개나 선물을 주는 것이다. 그 열쇠고리들은 케냐와 에티오피아, 인도 그리고 키르기즈스탄에서 온 것들이었다. 그중에 내가 가 본 곳은 인도뿐이어서 나머지 세 나라의 열쇠고리가 얼마나 반가웠는지 모른다.

내가 이렇게 열쇠고리를 좋아하게 된 데는 이유가 있다. 선교여행으로 외국에 갈 때마다 부담 없이 살 수 있는 선물을 찾다 보면 열쇠고리만 한 것이 없다. 쉽게 찾을 수 있고 작고 가벼운 데다가 나라마다 특색 있게 만들어서 기념품으로 안성맞춤이다. 대개는 그 나라의 국기나 상징물들을 소재로 하는데 무더운 날씨의 필리핀은 수박이나 슬리퍼를 소재로 한 귀여운 열쇠고리들이 눈길을 끌었고, 인도는 열쇠고리인데도 예술작품처럼 만든 것들이 더러 있었다.

수년 전 스웨덴에 갔더니 그 지역이 러시아와 경계선이고 두 나라 사이에 전쟁이 있었기 때문인지, 작지만 제법 무겁고 동그란 총알로 열쇠고리를 만들어놓았는데 꽤 인상적이었다. 이번에 선물로 받은 아프리카의 두 나라, 케냐와 에티오피아는 우리가 보기엔 세련되지 않은 아프리카풍의 열쇠고리다. 사실은 그래서 더 반가웠다. 새로운 열쇠고리를 볼 때마다 흥미롭고 왠지 그 나라에 마음이 가곤 한다.

언어와 문화는 달라도 서로 약속이나 한 듯이 하나같이 열쇠고리들을 만들어 놓고 고객을 기다리는 공통점이 있는 것도 신기한데, 더구나 그 열쇠고리들이 다양하게 그 나라의 풍물을 보여주고 있다. 인류를 한통속으로 만드시고 다양성 속에서 일하시며 만물을 새롭게 하시는 주님이 살아계신 증거이다.

내게는 외국에 갈 때마다 그 나라의 특색 있는 열쇠고리를 찾는 것이 자연스러운 일이 되었다. 처음에는 주변 사람들에게 나눠주다가 언제부터인가 나도 하나씩 가졌는데 세어보니 서른다섯 개나 된다. 물론 그중에는 다른 사람으로부터 선물로 받은 것들도 있다. 세계 곳곳에서 온 이 열쇠고리들은 작년에 CGN TV가 촬영차 집에 방문했을 때, 전파를 타면서 유명(?)해지기까지 했다. 가까운 사람들이 외국에 나갈 때"열쇠고리 하나 부탁한다"고 말하는 걸 보면 취미라곤 모르던 내가 다국적 이주민 선교를 하며 이런 독특한 취미가 생겨난 것 같다.

그동안 여러 차례 선교여행을 다녀봤지만 내가 가보지 못한 나라가 얼마나 많은가? 평창 동계올림픽 개막식에서 91개국 선수들이 입장하는 모습을 보며 가슴이 뭉클했었다. 저마다 얼굴이 달라도 인류는 하나임을 보여주는 참으로 귀한 축제였다. 국기를 들고 환한 표정으로 입장하는 선수들을 보면서 그 나라들에서 복음 전파에 힘쓰고 있을 선교사들의 얼굴이 떠올랐고, 한 팀 한 팀 들어올 때마다 그 땅에 복음의 역사가 일어나기를 간절히 기도했다.

요한계시록 7장에 나오는 어린양의 혼인 잔치가 떠오른다. 주님이 오실 때,

각 나라와 족속과 백성과 방언에서 아무라도 능히 셀 수 없는 큰 무리가 흰 옷을 입고 손에 종려 가지를 손에 들고 보좌 앞과 어린양 앞에 서서 찬송과 영광을 돌릴 것이라는 예언의 말씀 말이다. 선교는 바로'그 날'을 위해 존재한다. 이 작은 열쇠고리들은 나에게 선교의 마인드를 일깨워주는 소중한 친구들이다.

12. "예수님은 누구인가요?"

"항상 나를 도와주시는 분"입니다

부활주일(2018.4.)에 있을 세례식을 앞두고 문답 시간이 있었다. 원래는 필리핀의 두 형제가 세례 대상자였으나 둘 다 사정이 생겨서 세례를 받을 수 없게 되어 안타까워하고 있을 때, '늑' 이라는 이름의 베트남 형제가 세례를 받고 싶다며 나타났다. 그는 오래전, 통역이 없을 때부터 늘 혼자 교회에 와서 예배를 드리곤 했는데 설교를 들을 때마다 무슨 말씀인지는 몰라도 마음이 뜨거워진다고 했었다. 가끔 많은 액수의 감사헌금을 하곤 했다.

첫 질문으로 "예수님은 누구인가요?"하고 물었더니 늑은 곧바로 "하나님의 아들"이라고 답했는데 예수님을 "항상 자신을 도와주시는 분"이라고만 할 뿐, 자신의 구주라는 고백이 확실치 않아 보였다. 예수님을 구원자로 고백하도록 계속 유도 질문을 해도 여전했다. 결국 아직 믿음이 준비되지 않은 것 같아 세례를 주기는 곤란하다는 결론을 내리려는데, 늑이 자신의 간증을 하기 시작했다.

예수를 믿지 않으면 지옥에 간다는 것을 알면서도, 사회주의국가인 베트남에서는 신앙생활하기가 너무 어려워서 그동안 여러 차례 고민을 했다는 것이다. 그러나 암미 교회에 나온 지 5년이나 되었고 베트남에 귀국하더라도 좀 떨어진 곳에 교회가 있으니까 이제는 세례를 받기로 결심했다고 한다. 그러면 대체, 왜 예수님이 구주라는 대답을 하지 못한 것일까? 알고 보니 베트남 사람들은 마치 북한처럼 그들의 정치지도자인 호찌민이 정신적 지주이고 구주가 따로 없다고 한다. 베트남에는 '구원자'라는 말 자체가 없어서 늑 형제도 구원이라는 말뜻을 이해하지 못했던 것이다. 언어와 문화 차이를 보며 다시금 놀랬다. 하마터면 늑 형제의 준비된 믿음을 무시할 뻔 했다.

'구원자'라는 말을 몰라 집중적으로 질문을 받아야 했던 늑 형제를 보며 나 자신을 돌아보게 되었다. 무조건 복음을 전하기보다 먼저 그들의 삶의 정황을 이해하고 인격적으로 다가가는 자세, 인내로써 소통하려는 자세가 얼마나 중요한가! 이 땅에 많은 외국인이 상이한 언어와 문화로 어려움을 겪고 있다.

13. 귀국자들의 선물

필리핀으로 한 달 휴가를 갔던 제프리 형제가 돌아와서 그의 어머니가 전했다며 내게 선물을 건넨다. 제프리의 어머니 클레멘은 암미 교회에 있으면서 믿음이 성장한데다가 나이도 많아 필리핀 자매들 사이에서 자연스럽게 리더로 있었다. 불법신분(미등록외국인)으로 너무 오래 머물러 있었기에 이따금 귀국할 것을 권유하면 클레멘은 3년을 더 있겠다고 하다가 작년에 그만 단속대상으로 강제 출국을 당했다.

그런데 선물 포장을 열어보는 순간 깜짝 놀랄 일이 기다리고 있었다. 그 선물은 클레멘과 같은 지역인 바탕가스에 있는 암미의 초창기 멤버였던 죠위가 보낸 멋진 가방과, 암미에 오래 있었던 제마 자매가 보낸 티셔츠였다. 클레멘의 선물로는 필리핀에서 보편적인 말린 망고 몇 개가 들어있었다. 이른바 세 명의 귀국자들이 한국으로 돌아오는 제프리 형제 편에 함께 마음을 담은 귀한 선물이었다. 같은 지역이라고 해도 바탕가스는 얼마나 넓은가! 서로 만나기도 어려웠을 텐데 이렇게 셋이 세밀하게 암미의 나를 생각해 선물들을 모으다니... 감동이다. 빌립보 교회 성도들의 선물을 받고 감동한 바울이 떠올랐다. 그의 심정이 이러했을까? "내가 선물을 구함이 아니요 오직 너희에게 유익하도록 풍성한 열매를 구함이라, 이는 받으실 만한 향기로운 제물이요 하나님을 기쁘시게 한 것이라" (빌4:17-18).

더구나 가방 안에 죠위가 보낸 두 장의 카드를 보고 또 마음이 설레었다. 실로 오랜만에 보는 그의 카드였기 때문이다. 원래 자상한 성품의 죠위는 한국에 있을 때도 때마다 내게 카드를 보내곤 했었다. 그의 카드 하나는 지난해 크리스마스와 새해 인사 카드였고, 다른 하나는 내게 미리 보내는 생일카드였다. 그중 한 카드의 세 가지 문구가 감동적이다. Thank you(감사합니다), Good job(잘하셨습니다), You're the best(당신이 최고입니다). 그리고 그 카드 안에 죠위의 글이 더욱 나의 마음을 사로잡았다. "사랑하는 글로리아 목사님이 하신 모든 일을 진심으로 감사드립니다. 나의 삶이 목사님으로 인해 얼마나 복되며 감사하고 있는지는 예수님이 알고 계십니다"라는 글이었다. 이렇게 감동을 주는 카드가 또 있을까? 요즘에는 사람들이 카드를 잘 쓰지 않아서 이토록 감동이 더욱 진하게 전해지는지 모르겠다.

이주민 선교를 시작한지 많은 세월이 지나갔다. 정확하게 23년 6개월 전, 우연찮게 성탄 이브에 5명의 외국인과 함께한 그 작은 모임이 암미의 시작이었다. 죠위는 그중에 한 멤버로서 초창기는 그로 인해 선교가 이어져 왔다고 해도 과언이 아니다. 다국적 선교라서 생소한 일들이 많이 있었는데 죠위는 처음으로 내게 필리핀 문화를 알게 해준 형제다. 그가 때때로 교회의 분위기를 어렵게 만들 때는 본래 그의 성품이 까다로워서 그런가보다 했는데, 지나고 보니 내가 필리핀 문화를 제대로 이해하지 못한 탓이었다.

죠위는 사실 암미를 누구보다 사랑했던 형제였다. 내가 건축헌금을 하는 것을 보고 외국인 중에 유일하게 매달 건축헌금을 했고, 글솜씨도 좋아서 시를 써서 게시판이나 뉴스레터에 내기도 했었다. 귀국 후에 한동안 소식이 끊겼다가 이렇게 반가운 죠위의 소식을 접하니 암미에서 믿음을 얻고 돌아간 많은 귀국자를 생각하게 된다. 주안에서 우리의 수고가 헛되지 않다는 말씀은 진리이다.

선물에 대한 답례로 나도 언제 한번 필리핀 바탕가스에 가서 클레멘, 제마 자매들과 함께 죠위를 만나 이야기하며 한바탕 웃을 날이 있었으면 좋겠다. 그 자리에 죠위의 얼굴을 유난히 많이 닮은 현재 필리핀 그룹의 리더로 있는 지미 목사님이 함께할 수 있다면 얼마나 더 좋을지, 상상만 해도 기분이 좋아진다.

14. 복음의 능력

주일예배 때마다 앞자리, 그것도 정 가운데 앉아서 설교 시간에 집중하는 필리핀 형제가 있다. 바로 '세드'인데 키는 작아도 눈이 크고 체구가 단단하다. 지난해(2018) 추수감사절 바로 전날, CBS TV가 취재차 방문해서 나의 심방 모습을 찍고 싶다기에 그 형제의 공장을 방문했다. 그가 놀라운 간증을 가지고 있다는 말을 이미 들어서 그 공장을 선택한 것이다. 그 공장은 세드 외에도 필리핀 사람들이 너덧 명 있는데 마당에 그들이 좋아하는 농구 골대까지 있어 눈길을 끌었다. 내가 찾아갔을 때 그들이 반기며 모두 함께 테이블에 둘러앉았는데 유독 세드가 말을 계속했고 그 내용은 정말 놀라웠다.

그는 필리핀에서 어려운 성장 과정을 지냈다. 아버지가 다섯 살 때 집을 나갔고, 어머니는 다른 사람과 결혼했지만 새 아버지가 자신을 아주 혼란스럽게 했다고 한다. 그는 술고래 삼촌들과 함께 살았는데 그들은 수시로 그를 구타했다. 그들의 손안에서 불공평한 일들을 경험한 것은 세드에게 내적으로 깊은 상처와 고통이 되었다. 그는 13세에 이미 담배와 술, 마리화나 등 나쁜 습관에 빠져들었고, 고교 2학년까지만 다닐 수가 있었다. 길에서 행인과 싸우다가 상대방에게 돌을 던진 일로 정학 처분을 받은 것이다. 가뜩이나 취직이 어려운 필리핀에서 신용불량자가 된 그는 한국의 공장일은 신용증명이 필요하지 않다는 말을 듣고 한국어를 열심히 공부해서 2018년에 한국에 들어왔다. 암미 교회와 얼마 떨어지지 않은 마명리 공장에서 일하는데 암미 교회에서 하는 소그룹, 곧 지역의 구역모임에 참여하라는 권유를 받아도 계속 핑계를 대고 응하지 않았다.

그러던 어느 날, 필리핀에 있는 딸이 주중에 치료를 받았음에도 많이 아프다는 소식을 접했다. 의사가 포기하는 얼굴로 아내에게 두 가지 질문을 했다고 한다. "교회에 나가시나요?" "하나님께 기도하십니까?"라고. 아내로부터 그 말을 듣고는 방으로 들어가 무릎을 꿇고 용서를 구하며 그는 기도했다. "주님 도와주세요. 나의 삶, 나쁜 습관들, 그리고 저는 죄에 지쳐있습니다." 그는 자신의 삶을 전적으로 예수님께 맡기며 울부짖었다. 그 기도 후에 하루 한 갑 이상을 피우던 담배를 집어 던졌다. 친구들이 자신의 변화에 놀라워하며 금연은 한 주를 넘기지 못할 거라고 놀렸지만, 예수님은 그들의 생각이 잘못임을 친히 보여주셨다. 그의 입에서 나오는 나쁜 말들도 다 사라졌다. 물론 암미 교회 소그룹의 초청에 응하며 받은 변화였다. 지금은 교회에 적극적으로 출석하며 날마다 성경을 읽고, 방에서 찬양을 연주하며 필리핀에 있는 아내와 친구들과 복음을 나누고 있다. 막내딸은 완전히 치료되어서 아주 건강하다. 의붓아버지와 형제자매들과도 잘 지내고 있다. 모든 근심이 사라졌다. 그는 그리스도 안에서 자유로운 새사람이 되었다. 어떻게 그렇게 한순간에 회개하고 새로워질 수가 있을까? 바로 복음의 능력이다. 죄가 많은 곳에 은혜가 더욱 넘쳤다는 로마서 5장 20절은 세드를 두고 한 말씀이다. 세드가 회개하고 새사람이 된 배경에는 그 딸을 진료했던 필리핀의 크리스천 의사가 있고, 끈질기게 그를 지역 소그룹 모임에 초청한 암미 멤버들의 발걸음들도 빠질 수가 없다. 그들이 너무 귀해서 세드 형제를 볼 때마다 가슴이 뭉클하다.

15. 새해 인사

2019년 새해 첫 예배에서 설교를 시작하며 각국의 새해 인사를 물어봤다. 다른 나라보다 말이 길은 캄보디아인들은 "준뽀 차남뜨메이 록시 미엔빠"라고 인사하고, 페루인들은 스페인어로 "휄리스 아뇨 누에보", 몽골은 "탄뜨 신 언-이 멘드 후르기", 태국은 "사왓디뻬마이", 그리고 사회주의 국가인 베트남은 "쭉믕넘머이"라는 짧은 인사를 한다.

어느 나라나 새해에는 복을 기원한다. 파키스탄의 한 목사님이 영어로 된 재미있는 새해인사 동영상을 보내왔다. 새해 12달의 성공을 기원한다며 52주가 모두 웃는 주간이요, 365일이 다 재미있는 날들이며, 8,760시간이 기쁨의 시간들이고, 525,600분 동안 좋은 일들만 생겨서 31,536,000초가 행복하기를 바란다는 내용이었다.

암미의 초창기 멤버였던 파키스탄의'라너'와는 특별한 새해 인사를 했다. 새해 첫날, 그는 가족들이 다 모인 자리에서 국제전화로 내가 일일이 가족들과도 통화하게 해주더니 마지막으로 손자 아기의 우는 소리까지 듣게 해주었다. 그들은 하나같이 내가 언제 파키스탄에 오느냐고 물어서 나를 놀랍게 했다. 이렇게 가족적으로 그것도 국제 전화로 내게 새해인사를 한 것이다. 라너는 귀국자 중에 유일하게 매해 부활주일과 성탄에 내게 축하 전화를 해 온다. 이러기를 아마 15년은 되었을까?

그가 한국에 있을 때 내가 임금체불 문제를 도와준 적이 있는데 꽤 고마웠던지 떠날 때 손목시계를 선물한 기억이 있다. 그것을 예배의 광고 시간에 앞으로 나와 내게 내밀어서 다 웃었었다. 그런데 이렇게 평생을 감사해하는 사람이 또 있을까? 가까운 그리스도인들 가운데도 찾기 어렵고 심지어 멀리 떨어져 지내는 가족 간에도 이런 경우는 드문 일이다.

암미를 떠난 지 10여년이 되는 두 이란인 형제들이 또한 잊지 않고 연락을 주는데 그중 한 사람은 매해 멋진 전자 성탄 카드를 보내오고, 또 다른 형제는 많은 귀국자 중에서 유일하게 나와 전화나 문자메시지를 주고받는 사이이다. 그러고 보니 이들은 다 이슬람국가 출신들이다. 우리가 이슬람을 생각하면 자칫 테러를 떠올리는데 그들에게 이렇게 감사한 일을 잊지 않고 간직하는 아름다운 우정이 있다.

우리는 얼마나 자주 감사한 일들을 잊어버리고 사는가? 사랑은 "악한 것을 생각하지 않는다"(고전13:5)고 했는데 나쁜 것을 더 많이 기억하지는 않은지 우리 자신을 돌아볼 일이다. 무슬림 이주민들을 향해 경직된 마음을 버리고 그들의 좋은 이웃이 되려는 노력이 필요하다. 작은 도움의 손길에 그들은 고마움을 잊지 않을 것이요, 그런 선한 일들이 천국 복음을 접하게 되는 길목이 될 것이다. 그들은 영적 무지에서 깨어나야 할 우리의 형제들이 아닌가!

"사랑 안에 두려움이 없고, 온전한 사랑이 두려움을 내어 쫓는다" (요일4:18)

16. "여보세요?"

오래전에 암미에서 세례를 받고 이란으로 돌아간 에브라임 형제가 드디어 한국어로 걸려온 반가운 전화를 받게 되었다. 그는 그 전화를 받고 곧바로 세 시간을 달려 수도 테헤란에서 내가 연결해준 한국인 선교사를 만났다고 한다. 제2의 고향 사람을 만난 마음일 테니 그 기쁨이 어떠했을까!

지금부터 십여 년 전에, 깔끔하고 잘 생긴 외모의 에브라임은 이란인 친구의 소개로 암미에 나오기 시작했다. 그는 멀리 떨어진 의정부의 공장에서 일하면서도 매주 빠지지 않고 주일예배에 참석했고 몇 년이 지나 믿음을 얻게 되었다. 사무실 컴퓨터 앞에서 그가 했던 말이 아직도 생생하다. "컴퓨터를 살 때도 우리가 좋은 것을 고르잖아요? 이슬람보다 기독교가 더 좋아요."

한번은 야외예배를 드리러 갈 때 에브라임이 늦게 오는 바람에 차를 놓쳤던 적이 있다. 멋진 티셔츠 차림으로 한껏 멋을 냈던 에브라임은 못내 아쉬워하며 우리가 돌아올 때까지 교회에서 기다리고 있었다. 그를 위로하려고 자원봉사자 몇 명과 함께 근처 음식점에 갔다. "자, 식사 기도는 에브라임이 해 볼까요?" 했더니 주저하지 않고 "예수님 이름으로 (In Jesus Name)"하더니 이란말로 제법 길게 기도하던 모습이 인상적인 기억으로 남아있다.

당시 젊은 이란인들은 농담 삼아 여자 친구가 생겼으면 좋겠다는 이야기를 하곤 했는데 에브라임은 그렇지 않았다. 그런 에브라임이 다른 교회의 청년들이 암미를 방문했을 때, 그중 한 자매가 마음에 들었는지 나에게 소개를 부탁했던 적이 있었다. 한국에서는 남자가 직접 다가가서 말해도 된다고 했더니 그냥 쉽게 포기해 버린다. 이란에서는 어른들이 자녀들의 중매를 주선해 준다고 한다. 에브라임은 이란에 돌아가면 예수 믿는 아가씨가 없으니 한국에서 짝을 찾고 싶다고 했다. 그가 이란으로 돌아간 뒤에도 어쩌다 연락이 닿아서 물어보면 계속 결혼을 하지 않고 있다고 했다. 이란의 여자들이 다 무슬림이기 때문이라는 것이다. 예수를 믿어서 결혼도 못하고 있다니, 안쓰러운 일이지만 나로서도 어쩔 도리가 없었다. 에브라임은 한국의 암미 교회가 너무 그립다며 계속해서 한국어를 공부하고 있다고 했다. 카톡으로 "어머님, 이란에는 언제 오세요?"라고 메시지를 보낼 만큼 또렷이 한국어를 구사하는 그였다. 이란에도 비밀리에 예수를 믿는 사람들이 많다는데 혼자서 몰래 성경을 보며 믿음을 지키고 있는 에브라임이 너무나 놀랍고, 한편으론 마흔이 다 되도록 결혼을 하지 못하고 있다는 사실이 매우 안타까웠다. 어떻게 해서라도 이란에 있는 한국인 선교사를 연결해 주어서 그가 신앙생활을 잘 할 수 있도록 도와주고 싶어서 교단 선교부를 비롯해 이슬람권 선교에 관계하고 있는 분들에게 부탁해보았다. 에브라임이 한국말을 잘 하니까 전화할 때는 "여보세요?"라고 하면 된다고 일러주었다. 하지만 그 이후로도 가끔씩 에브라임에게 혹시 한국사람 전화를 받았느냐고 물어보면 "아직 안 왔다"는 답변만 계속 될 뿐이었다. 이란의 정세가 너무 어려워 많은 한국 선교사가 이란을 떠난 때문인 것 같았다.

그러다가 올 봄(2019) 우연찮게 이주민사역자 모임에 나갔다가 이슬람권 선교를 하시는 한 선교사를 만났다. 내가 에브라임 이야기를 꺼내자 자기는 11월 말에 두바이를 거쳐 이란의 테헤란을 들러 올 계획이라고 했다. 내 귀를 의심할 정도로 놀라운 말이었다. 그에게 에브라임의 연락처를 전해주고서 기도하기 시작했다. 에브라임이 큰 트럭을 운전한다는데 그래도 그 귀한 전화는 꼭 받을 수 있기를 기도하다가 잠시 잊고 있었는데 그 선교사님에게서 전화가 왔다. 에브라임을 잘 만나고 왔다는 기쁜 소식이었다. 전화로 "여보세요?"하니까 에브라임이 유창한 한국말로 답했고, 세 시간이나 떨어진 곳에서 자기가 묵고 있는 호텔로 단숨에 찾아왔다고 했다. 그 선교사님은 테헤란에 있는 한국인 선교사에게 에브라임을 소개해주었고 그 선교사도 신실한 이란 형제를 알게 되었다며 아주 좋아했을 뿐 아니라, 그날 저녁 식사를 같이 하며 예배까지 참석하고 돌아갔다는 이야기를 전해 주었다. 오, 주님, 할렐루야!!! 그 얘기를 듣는 순간 너무 기뻐서 날아갈 것만 같았다. 마치 하늘의 별을 딴 느낌이라고나 할까? 선교는 이렇게 하나님이 하시는 일, 이제 한국인 그리스도인들 속에서 에브라임이 좋은 믿음의 일꾼으로 성장하고 결혼의 길도 열렸으면 좋겠다.

17. 자살에 대한 물음

얼마 전 페루 자매 집에 심방을 다녀왔다. 한국인 남편과 결혼해서 다문화 가정을 꾸리고 아들까지 낳았으나 수년 전 이혼한 자매였다. 일 년 전 쯤 페루의 친정아버지가 와서 꾸준히 딸과 함께 교회에 출석해왔고 이제는 믿음이 선 것 같아 세례를 준비하려던 참이었다. 한국어를 전혀 모르는 아버지의 통역을 맡은 딸은 세례 문답준비가 다 끝나자 한 가지 질문을 하고 싶다고 했다. 무슨 일인가 했더니 "자살을 하면 구원을 받지 못하고 지옥에 가는 것이 확실하냐?"는 의외의 질문을 하는 것이었다. 순간 이 자매가 뭔가 우울한 가운데서 자살을 생각한 것인가 걱정이 됐다. 그래서 "자신의 생명을 포기하는 것은 그 생명을 주신 하나님을 거역하는 가장 큰 죄"라며 절대로 자살은 안 된다고 이리저리 설명해 주었다. 그런데 갑자기 이 자매가 목소리를 높여 엉엉 울면서 "그럼, 그런 하나님은 안 믿겠다. 하나님은 심지어 살인을 한 사람도 회개의 기회를 주시는 분이 아닌가? 우리 오빠는 5년 전에 너무 슬퍼서 낭떠러지에서 떨어져 죽었다. 나를 정말 사랑해주던 오빠였는데 하나님이 지옥에 보냈다면 공평한 하나님이 아니다. 아니, 너무 나쁜 하나님이다"라는 말을 쏟아내는 것이었다. 그렇게 대성통곡하는 딸을 보며 아버지의 마음은 얼마나 아팠을까?

나는 그 자매 곁으로 가서 등을 토닥이며 한참 동안 위로의 말을 해주었다. 조금 전까지만 해도 자살은 큰 죄라고 역설하던 것을 바꾸어 "사실 죽은 자가 어디로 가는지는 우리가 모르는 일이고 하나님만 아신다. 우리는 심판자가 아니다. 단지 살아있는 우리가 잘 믿는 것이 중요하다"라는 등의 이야기를 해주었음에도 그 자매는 울음을 그치지 않고 죽은 오빠 이야기를 계속했다. 집안에서 언니가 제일 먼저 믿었는데 오빠와 동업 비즈니스를 하면서 깍쟁이 짓을 많이 해서 오빠가 자살한 것이라고 했다. 그렇지 않아도 한국인 남편과 이혼하고 타향에서 혼자 사는 어려움이 클 텐데 내면으로 이런 아픔까지 가지고 있었구나 싶어서 나도 마음으로 같이 울었다. 그녀는 계속 울면서 평소에 사람들에게서 상처 받았던 말들을 마치 친정엄마에게 하소연하듯 내게 털어놓았다. 그리고 마지막으로 뼈있는 한 마디 말을 남겼다. 사실 자기는 믿음이 없다고.

그 말을 하는데, 마침 전 남편이 아들을 데리고 와서 문을 두드렸다. 전 남편은 이혼 후에도 아들이 엄마를 만날 수 있도록 나름대로 애를 써주고 있는 모양이었다. 초등학생인 아들을 위해 저녁에 다 같이 볼링장에 가기로 했단다. 급하게 눈물을 닦으며 나설 준비를 하는 자매를 보며 그 집을 나왔다.

그렇게 심방을 마치고 무거운 마음으로 돌아오면서 깊은 생각에 잠겼다. 그 자매가 홀로 마음 깊이 품어온 격한 감정, 슬픔과 분노를 나를 통해 해소할 기회가 되었다면 좋으련만. 그렇게 상처를 안고 살았으니 결혼생활마저 원만할 수 없었겠지만, 아들로 인해 가끔 만나는 전 남편과 다시 대화가 이루어질 수는 없을까? 지금은 오로지 자기 생각뿐이지만, 앞으로 이 자매가 믿음을 얻으며 가정에도 치유의 역사가 일어나기를 기도해야겠다.

그녀의 오빠는 먼저 믿은 누나가 너무 나쁘게 해서 교회도 나가지 않았을 뿐 아니라 결국 자살을 택했다고 했다. 물론 그녀의 말만 듣고 그녀의 주관적 판단이 옳다고 받아들일 수는 없지만 그리스도인들이 가정에서나 주변 사람들에게 혹시 이렇게 부정적인 영향력을 끼치고 있는 것은 아닌지, 전도의 문을 가로막은 채 혼자만 잘 믿는다고 생각하는 신앙을 소유하고 있지는 않은지, 고난주간을 앞두고 나 자신부터 돌아봐야 할 것 같다. 주님의 처절한 고난의 십자가를 바라보며 참 회개로 이어지는 한 주간이 되어야 하리라. 그래서 세상이 먼저 믿는 자들의 모범을 이야기하는 일들이 많아져야 하지 않겠는가? 또한 이 고난주간이 수직적인 주님과의 교통으로 끝나는 것이 아니라 이 페루자매처럼 예수님의 구속의 사랑을 몰라서 슬픔에 가득 잠겨있는 주변 사람들에게 다가가는 의미 있는 고난주간이 되었으면 한다.

자살 역시 누구도 자신을 사랑하지 않는 소외감에서 나온다.

18. 일일 수련회

지난 주일(2019.3.3.)에 일일 수련회가 있었다. 암미의 멤버들은 거의 모두 이주노동자들이기 때문에 주중으로 시간을 내기 어려운 형편이라 몇 년 전 사순절 이맘때 처음으로 시도해본 일일 수련회가 다섯 번째가 되었다. 수련회 표어는 우리에게, 특히 이주노동자들에게 아주 실제적인 '그리스도인의 재물관'이었다. 관심이 많을 것이라 예상했는데 오전 예배에 80여 명이 모였으나

오후는 27명만 남아있었다. 27명 가운데는 토요일 전날 밤 야근을 하고도 끝까지 참석한 필리핀 형제가 있었고, 한동안 결석하다가 오랜만에 나온 또 다른 필리핀 형제, 그리고 신앙생활을 한동안 쉬었다며 암미에 관심을 갖고 처음 나온 한국인 새 신자가 있었다. 평소에 이따금 예배 시간에 얼굴을 보인 적이 있는 베트남 다문화 가정 자매도 끝까지 자리를 뜨지 않아 눈길을 끌었다. 이렇듯 하나님은 한 영혼을 중시하는 분이심을 실감할 수가 있었다.

일일 수련회는 오전 예배와 마지막 결단 예배까지 두 번의 설교가 있고, 그 사이 서너 차례 말씀을 나누는 소그룹 시간을 갖는다. 주일 하루 수련회를 통해 그리스도인의 삶을 배우는 것이 이 수련회의 목적이다. '그리스도인의 재물관'은 말 그대로 물질 문제를 주제로 생각해 본 시간이었다. 그런데 우선 사역자들에게 도전이 되었다. 적어도 사역자들은 물질 면에서는 헌신 된 것으로 생각했으나 말씀에 비춰보니 회개 제목들이 속속 드러나고 있었다. 나 역시 구제에 약한 모습을 발견할 수 있었다.

나이가 많은 한 필리핀 형제가 내게 다가오더니 필리핀 그룹 리더(필리핀 목사)가 도전을 많이 받고 자기들에게 말을 많이 했다고 귀띔을 주었다. 필리핀 그룹의 핵심 멤버 열댓 명의 얼굴들 역시 모두 진지한 표정들이었다. 마지막 결단 예배에서 우리는 돈이 아니라 하나님을 주인으로 삼으며 우리의 모든 소유 역시 그분의 것이라는 고백과 함께 하나님께 소유권을 이전한다는 간단한 서약을 했다. 모처럼 말씀의 은혜에 깊이 빠지며 헌신한 귀한 수련회였다.

전도로 잃은 자를 찾는 것이 암미의 중요한 사역이었는데 어느새 이렇게 (선교) 교회의 모습이 되어 있는 것도 감사했다. 수련회가 끝나고 세 명의 외국인 지체들이 앞에 나와서 십일조를 기쁘게 드리기로 했다는 간증을 했다. 몇몇 외국인 지체들은 내게 찾아와 감사하다는 인사를 하고 돌아갔다. 그들 역시 수련회를 통해 도전을 받은 모습이 역력했다. 그중 한 사람은 어디서 우리가 이런 귀한 수련회를 가질 수가 있겠느냐며 암미에 속해 있다는 사실이 너무 복되다고 했다.

예수님은 얼마나 자주 이 물질 문제에 대해 말씀하셨는가? 우리의 연약함을 아시고 성경을 통해 자세히 가르쳐주셔도, 우리는 그저 자신도 모르게 이생의 염려와 함께 세상을 추구하는 모습이 아닌가? 그래서 하나님을 주인으로 삼아 물질을 다스리며 바르게 관리하기보다 너무도 물질의 영향을 받아 세상 사람들과 별로 다를 바 없는 세속적인 그리스도인은 아닌지 묻게 된다. 다시 말하지만 이번 일일 수련회는 암미의 사역자들과 중요 멤버들을 위한 것이었다. 많은 멤버들이 오후에 그냥 가버린 이유도 이제 감이 잡힌다. 그들에게는 아예 '그리스도인의 재물관'이라는 주제 자체가 부담 되었을 것이다. 실제로 들려오는 소리가 "돈 때문에 꼼짝 못 하고 있는데 왜 하필 이 주제를 지금 해야 하는가?""내가 가난한데 무슨 가난한 사람들을 돕느냐?"는 등이었다.

돈 문제는 그리스도인으로서 우리가 살아가는 동안 믿음에서 멀어질까 조심해야 하는 가장 중대한 문제임을 새삼 깨닫게 된다. 일순간에 그 많던 재산을 잃고도 자신의 믿음을 고백한 욥이 생각난다. "주신 자도 여호와시요 취하신 자도 여호와시오니 여호와의 이름이 찬송을 받으실지니이다." (욥1:21) 누가 이런 고백을 할 수 있을까, 절로 도전이 된다.

에필로그

선교는 소통 뿐 아니라 서로 다른 문화를 이해하는 것이 중요하다. 그들을 우리말과 문화로 접근할 때 문제가 발생한다. 그들에게 한국말을 가르쳐주고 어려운 일을 도와주는 것 이전에 인격을 존중해주고 그들의 언어와 문화를 이해하려는 노력에서부터 시작되어야 한다. 외국인들을 도움이 필요한 사람으로만 보고, 우월의식을 가지고 대한다면 결코 그들의 마음을 얻을 수 없다. 다문화가정의 많은 문제도 한국인 남편과 그 가족이 우월의식을 가지고 이주여성을 대하는 데서 비롯되고 있다. 이주여성을 물건처럼 사왔으니 마음대로 주장해도 된다는 삐뚤어진 우월의식이다. 한국에 시집온 여성들이 돈을 벌어 친정에 보내는 것도 우리로서는 이해하기 힘든 일이다. 하지만, 그것을 위해 한국에 왔다고 할 수 있으므로 그 문제 또한 감싸 안아야 할 일이다. 사마리아 수가성에서 예수님은 부도덕한 삶을 살던 한 여인을 인격적으로 만나주셨다. 예수님은 경건하지 않은 여인에게도 다가서서 인격적인 대화를 하시며 구원의 길로 초청하셨다 (요4:10참고).

선교는 목회다. 세월이 지나고 보니 내게 주어진 은사가 전도와 가르침 외에 목양의 은사가 있음도 발견되었다. 암미는 10여 년 전에 아담한 선교센터 건물이 지어졌고 지금은 주일마다 외국인들로 북적댄다. 5년 전에 힘들게 3,4층을 증축했는데 지금은 그곳에 한국어를 배우는 학생들이 만원을 이루고 있으며 선교의 좋은 도구가 되고 있다. 무엇보다 예배가 충실해져서 은혜로운 모습의 (선교)교회가 되었다. 올 봄에 열었던 '그리스도인의 재물관'을 주제로 한, 일일 수련회는 암미가 교회가 된 사실을 보여주는 좋은 예였다. 후원금에 의존하던 선교가 이제는 자체헌금이 외부 후원헌금을 크게 앞질러 있다. 무엇보다 이주민 선교로 인해 선교 인프라가 생긴 것이 감사하다.

이 선교사역을 시작할 무렵에 나는 미국의 한 교회의 청빙을 받고 있었다. 그 때 미국으로 갔더라면 이런 풍성한 역사가 있었을지 의문이다. 이처럼 자기의 일꾼들을 적재적소에 배치하시는 예수님은 얼마나 위대하고 멋진 우리의 대장(commander)이신가!

김영애

gloria3797@hanmail.net

경기도 남양주시 진접읍 봉현로 36번길 24.

암미 다문화센터

▲ 2018 맥추감사제

▲ 남양주 기독교 총연합회 감사패

▲ cgn티비출연

▲ 필리핀댄스

▼ 지역연합회찬양제

최효심 선교사는(총신 신대원 91기)

칼빈 신학대학교를 졸업하고, 총신대학교 신학대학원 목회연구과정과 선교대학원을 졸업했다. 수유리교회, 산본 광정교회, 서초동 은성교회에서 교육 전도사를(1991년~1999년), 그리고 역삼동 충현 교회에서 교구 전도사로 사역하였다(2000~2002). 2005년 GMS (Global Mission Society ; 대한예수교 장로회 합동 총회세계선교회) 선교사로 인준 받은 후 스페인 선교사로 14년째 재직 중이다.

인사의 글

2005년 9월 서울 강동구 길동에 위치한 길동교회에서 파송 예배를 드린 나는 그 달 마지막 날인 9월 31일 스페인 꼬르도바에 도착하였다. 처음 2년간은 스페인어를 배우는 기간이었으며, ECMI 라는 국제 선교단체의 보호를 받았다. 그후 7-8년 동안 꼬르도바 현지 교회에서 협력 하면서 그들의 삶과 문화를 배웠다. 250명의 개신교인들이 모이는 꼬르도바 복음 침례교회와 2-30명이 모이는 독립교단 라우렐 교회는 동일한 개척 년도를 가진 교회들이다. 교회 건물이 있는 복음 침례교회는 유럽, 아프리카, 그리고 중남미에서 꼬르도바에 들어온 이민자 들이 50%를 차지 하고 있는 반면, 후자의 교회는 교인 가정의 15% 정도가 이민자 가정이며 나머지는 스페인 현지인 가정이 주류를 이루는 스페인의 전통적인 조용한 개신교 모습을 하고 있다.

꼬르도바에서 가장 큰 교회와 가장 작은 교회에 대해 알고 싶었던 나는 처음 5-6년은 복음 침례교회에서, 그후 2-3년은 라우렐 교회에서 예배를 드리며 그들의 신앙 생활에 동참했다. 2013년 경부터는 이미 전도 되어 있었던 몇 몇 여성들과 그들의 가정에게 집중하는 사역을 시작하였다. 그리고 2016년 개척 교회를 시작하였다. 2005년 파송 받을 당시 계획 하였던 국제 선교단체와의 협력 사역이 아닌 사실상 단독 교회개척 사역에 도전하게 된 셈이다. 그저 부끄럽고 송구할 따름이고, 하나님의 은혜에 감사할 뿐이다.

2019년 6월 스페인 선교사 최효심

선교

선교는 사람이다

목표도 사람이고

전략도 사람이다.

선교는 사랑이다

목표도 사랑이고

전략도 사랑이다

선교는 동행이다

하나님과 동행하는 것이다

그들과 동행하는 것이다.

– 2018년 4월 1일 최효심

1. 교회를 개척하다

2016년 9월 말, 나는 주택단지 1층에 12평 크기의 사무실 하나를 얻어 월세 계약을 했다. 본격적으로 구체적인 장소가 있는 교회가 생긴 것이다. 2005년 9월 말에 선교지에 도착한 후 11년 만에 그동안 마음으로 준비했던 것을 현실화 한 셈이었다. 선교는 장기전이라는 생각으로 스페인에 온 지 이렇게 근 10여년을 건물보다는 사람을 만나고 사람을 섬기는 일에 시간과 재정을 쏟았다가 비록 월세지만 이제 교회 건물을 장만하게 된 것이다. 물론 모든 조건이 구비된 것은 아니었다. 2013년경 부터는 교회 개척을 준비하며 집에서 예배를 드려왔는데 더 이상 미루면 안 되는 일로 여겨져 단단히 결심하고 기도 하던 중, 마침 2016년 5월, 'GMS 독신 여선교사 선교대회'에 참석차 한국에 잠깐 방문했던 길에 주 후원 교회 목사님을 만난 것이 계기가 되었다. 그분은 은퇴 준비로 바쁘셨고 은퇴 기념 겸 교회 건축 70주년 기념으로 성도들이 선교 헌금을 준비하고 있다고 하셨다. 몽골과 스페인을 생각한다고 하셨다. 한 달에 한화 100만 원 정도면 목사님 사무실만큼의 공간을 빌릴 수 있다고 말씀드리며 "도와주실 수 있느냐?"고 물었다. 목사님은 스페인에 돌아가면 알아보고 보고서를 올리라고 하셨다.

스페인에 돌아간 나는 내 주변 건물들을 돌아보며 월60만 원 정도의 세를 내놓은 사무실을 발견하고 주인을 만나서 약 3주 후에 계약하겠다고 했다. 그리고 나는 아침 금식을 작정하고 보고서를 한국의 교회에 보냈다. 2~3주쯤 지나서 10만원을 후원하기로 당회에서 결정했다는 연락을 받았다. 나는 하나님의 뜻이 계약하지 않는 것으로 이해 할 상황이었다. 그런데 나의 바로 아래 여동생에게서 전화가 왔다. 자신의 큰아들 교육비 명목으로 들어온 80만원이 있으니 보내겠다고 한다. 그 당시 그 조카는 재수하고 있었는데 다른 형제 중 누군가가 그 아이의 학원비를 보내준 모양이다. 나에게는 2남 3녀의 형제자매가 있는데 모두 결혼하여 나의 조카들은 9명이나 된다. 여동생은 나에게 일단 계약을 하라고 한다. 나는 주인과의 약속대로 3주 후에 계약을 했다.

계약하는 날, 마침 마드리드 선교교회 목사님이 자신의 성도들과 처음 꼬르도바에 방문하셨는데 200유로를 헌금하고 가셨다. 그것으로 나는 20개의 정원용 플라스틱 의자를 사서 자리를 채웠다. 사무실 주인은 빈 곳을 둘러보더니, 버릴 책상이 있는데 가져다주면 받겠느냐고 한다. 받아보니 쓸 만하고 멀쩡하다. 페인트칠을 새로 하고 하얀 책상보를 덮으니 제법 폼이 났다.

개척 예배

와삽(whatsAPP)으로 40여명의 스페인 친구들에게 교회를 시작했다는 메시지를 보냈다. 길에서 오가며 만나는 친구들에게도 알렸다. 그들 중에는 적어도 한번 이상은 나와 함께 예배를 드린 사람들도 있었다.

드디어 10월 첫 주일이 되었다. 내가 알고 있는 친구들이 올 것을 잔뜩 기대하고 그들에게 줄 메시지를 준비했다. 하지만 기다리던 친구들은 몇 마디의 거절 혹은 핑계가 있는 문자와 함께 한명도 오지 않았다. 뜻밖에 3명이 찾아왔는데 그들은 교회를 다닌 적이 없는 청년들이었다. 이렇게 10월 첫 주에 첫 번 예배가 시작되었고, 나는 준비한 메시지를 접어두고 전도서 1장으로 설교를 했다. 이렇게 해서 교회가 시작되었다.

2. 롤라 할머니 이야기

교회를 시작한 지 일주일 후, 나의 옆집 할머니, 롤라가 찾아왔다. 2015년 8월, 그러니까 교회를 시작하기 두 달 전에 이 할머니가 사는 같은 아파트로 이사를 와서 만난 분이었다. 살던 집에서 가까운 거리의 아파트로 이사를 했기 때문에 많지도 않은 이삿짐을 혼자서 이틀 동안 시간을 두고 천천히 옮기고 있었다. 현지 교회 교인 중에'암빠로'라고 하는 여성 한 분에게 수고비를 드리며 도와 달라고 부탁을 했다. 두 번째 날, 그녀와 함께 무거운 짐을 나르는데 옆집할머니가 문을 열고 나오셨다. 불만이 많은 표정에 날카로운 목소리로"좀, 조용히 할 수 없나요? 나는 환자예요! 주변 사람 생각 좀 하셔야지, 왜 그렇게 문을 탕탕 닫고 다니시나요?"라며 역정을 내셨다. 나를 도와주던 암빠로의 당황한 모습이 역력했다. 어떻게 대답해야 할지 모르는 상황 같아 보였다. 나는 얼른 다가가서"할머니 걱정하지 마세요. 이삿짐 나르는 것이 거의 끝났습니다. 이제 곧 조용해질 겁니다. 죄송합니다."라고 공손히 사과하자 그녀의 표정이 조금 누그러지는 듯했다. 그렇게 우리는 서로를 소개한 셈이다.

그리고 몇 개월 뒤인 2016년 4월, 고난주간의 어느 밤이었다. 우리가 사는 아파트는 두세 번의 간격으로 정전이 되었다. 내 옆집에 민감한 할머니가 살고 계셔서 속으로 좀 걱정이 되었다. 서로 안면은 있지만 전화하기에는 좀 어색해서 혹시나 하고 방을 나와 현관 쪽으로 나가 보았다. 옆집 할머니의 혼자 중얼거리는 소리가 들렸다. 나는 안부를 묻고 싶어서 집 문을 열고 나가보았다. 아니나 다를까, 그녀는 문을 열어놓고 이웃집 아저씨 한 분에게 도움을 청하셨다가 거절당하시고 혼자서 어쩔 줄을 모르고 계셨다. 그녀는 현관 벽에 붙어 있는 전기 단자 촉이 내려가 있어서 그것을 올려야 하는데 손이 닿지 않아서 빗자루의 손잡이로 단자를 올리려고 안간힘을 쓰고 있었다. 한쪽 눈은 안 보이는 상태에다가 어두워서 마음대로 할 수 없는 모양이었다. 나는 단자 촉을 얼른 올려 드리면서 단자 촉 때문만이 아니라 전체 정전이니 안심하시라고 알려드렸다. 잠시 후 전기가 들어왔다. 그녀는 내가 보기엔 과장되게 감사해 했다. 그 이후부터 그녀는 쉴 틈 없이 나를 찾았다. 수시로 문을 두드리고 나를 자신의 집에 데려가 사소한 것들을 이야기 하였다. 웃고, 울고 하며 그녀의 이야기를 들었다. 그녀에게 성경을 읽어주고 같이 기도를 하곤 했다. 꼬르도바 여성들은 우울증을 앓고 있는 분들이 많은데 그녀도 그 중의 하나다. 나는 그녀가 지어낸 말이든 상상한 이야기든 전부 다 들어주곤 했다.

올 5월(2019년)이면 91세가 될 그녀에게는 하고 싶은 이야기가 많다. 노인들에게 이야기란 내용이 아니라 이야기 하는 자체가 더 중요하다. 그것을 통해서 자신이 살아있음을 확인하기 때문이다. 딸 하나에 사위, 그리고 손자 하나에 손자며느리와 증손자 1명이 있는 그녀는 18살에 결혼 했다고 한다. 일찍 결혼해서 이미 40이 훌쩍 넘어 버린 손자가 있다. 그 손자가 직장 생활이 여의치 않아 곤욕을 치루고 있는 것을 알면서도 도와 줄 수 없는 자신의 무기력함을 한탄한다. 나이 70이 넘은 자신의 딸과 사위보다 더 기대고 싶은 손자이지만, 그에게 기대 할 수 없게 된 그녀에게는 모두가 울음보따리이다. 그녀가 나를 붙들고 이야기 하는 것은 혼자가 아니라는 것을 확인 하고 싶은 것이다. 나는 반복해서 "할머니는 혼자가 아니십니다. 우리 예수님이 함께 하십니다. 그리고 제가 옆집에 있습니다. 언제든지 제가 집에 있는 한 도와 드릴 테니 저를 찾으세요. 할머니는 딸을 하나 더 얻었습니다."라고 위로하면 그녀는 좋아한다. 누군가가 자신의 옆에 있다는 안도감이 그녀의 어두운 얼굴을 환하게 한다. 나 역시도 그녀가 옆집에 있음으로 힘이 되었다. 그녀는 스페인의 또 다른 나의 어머니이다.

그해 10월 둘째 주일, 그녀는 자신의 지팡이로 교회의 문을 두드리고 있었다. 들어서자마자 "예배드리러 왔어요. 어디에 앉을까요?"라고 해서 그녀에게 자리를 안내하고 찬양을 시작했다. 내가 설교를 하고 그녀는 기도하였다. 기도의 내용은 자신의 억울함, 외로운 마음, 분한 마음, 그리고 자신의 딸의 가족과 손자의 가족을 위해 중보 하는 것으로 마무리하곤 했다. 주님은 그녀의 기도를 들으셨다. 직장이 없던 손자가 직장을 얻고, 그녀의 복잡한 문제들이 하나씩 해결되었다. 그녀는 주님께서 하셨다고 고백한다. 신이 나 있었다. 몇 주 지나면서 그녀는 성경을 직접 읽기를 원했다. "선교사님이 말하는 것을 내가 직접 읽고 싶다"는 것이 그녀의 바람이었다. 노화로 인해 한쪽 눈이 보이지 않고 그녀의 귀가 잘 들리지 않는다는 것을 알지만 나는 그녀가 원하는 성경을 읽을 수 있도록, 글자 크기를 키워서 쪽

성경들을 만들었다. 그녀는 성경을 읽는 동안 행복해한다. 처음엔 더듬거리고 모르는 단어는 건너 띄어 읽었지만, 몇 개월이 지난 후 그녀의 성경 읽는 속도와 분량은 날마다 변해 갔다. 그녀가 교회 오는 날은 성경을 읽는 것 자체가 예배 시간이 된다. 성경을 읽으며 자신이 이해하면 '아아!' 하며 고개를 끄덕이고 토를 다는 반응을 보이기도 하고 전혀 이해 못 한 내용도 고개를 끄덕이며 지나치는 그분을 보는 것만으로도 충분히 행복하다.

2019년, 5월 8일이면 롤라 할머니는 만 91세가 되신다. 안식년에 한국에 와 있는 나는 생일축하 국제전화를 드리려고 한다.

3. 노방전도에서 만난 술마와 세씨아

2014년 가을 어느 수요일이다. 꼬르도바의 개신교 연합 전도팀이 매주 수요일마다 노방 전도를 하는데 나도 합류한다. 그날은 평소에 보지 못하던 중남미 여인이 6~7살 되어 보이는 여자아이와 함께 있었다. 딱 보아도 볼리비아에서 온 여성이다. "어느 교회에 다니느냐?"고 물었더니, "복음 침례교회"라고 한다. 그곳은 내가 스페인에 와서 7~8년간 속해 있던 교회였다. 그날 나는 노방 전도 후에 집에서 저녁 식사를 같이하기로 한 자매를 기다리며 저녁 준비를 하고 있는데, 그녀로부터 오지 못한다는 연락이 왔다. 그래서 나는 노방 전도에서 만난 그녀와 그녀의 딸을 저녁 식사에 초대했다. 아직 나는 꼬르도바의 소고기와 돼지고기에 적응이 안 되어서 주로 채소를 삶아 먹곤 했었다. 그날 저녁식사도 역시 삶은 가지와, 호박, 그리고 몇 가지 채소들이었다. 생각보다 술마와 세시아는 좋아 했다. 그렇게 우리는 통성명을 했다.

4. 크리스마스 선물

몇 개월이 지난 12월 크리스마스 시즌이었다. 나는 꼬르도바 백화점에 1리터짜리 우유 팩 하나를 사러 들어갔다가 예기치 않은 일을 당했다. 케리어에 잔득 담긴 식품을 상품으로 받게 된 것이다. 우유 한 개를 사고 계산대를 나오는데 직원이 마치 나를 기다렸다는 듯이 다가오더니 "오! 축하합니다!"라는 것이다. 성탄이벤트로 백화점이 정한 상품번호에 내가 걸렸다는 것이다. 나는 좀 당황스럽고 머쓱해서"난, 이곳에서 물건도 별로 안 살 뿐 아니라 오늘 저녁은 90센트짜리 우유팩 하나를 사러왔다"고, 사양하며"물건을 많이 사신 분에게 이 상품을 주세요"라고 했더니 백화점 직원은 활짝 웃으며, "네게 걸린 번호이니 네가 타야 할 상품이며 거절하면 안 되는 것"이라고 한다. 나는 할 수 없이 그 다음날 아침 그 큰 케리어를 받아 집으로 가지고 왔다. 70~80 유로(한화 10만 원정도) 상당의 식품들을 혼자 먹기에는 몇 개월이 걸릴 것 같았다. 나는 주변에 조금씩 나누어 주었다.

수요 노방 전도에 상품으로 받은 우유 몇 병과 다른 식품들을 들고 나갔다.

혹시나 그곳에 이민자들이 왔으면 줄 계획이었다. 그런 내 눈에 띄는 여인이 있었다. 아들이 지병에 걸려 여러 해 고생하는 멕시코 여인 까르멘이 이었다. 나는 그녀에게 준비해 간 봉지를 내밀었다. 내가 백화점 내 슈퍼마켓에서 연말 상품에 당첨되었다고 했더니 그녀는 한차례 호들갑을 떨더니, 자신은 저지방 우유를 먹는다며 거절한다. 그때 바로 내 앞에 몇 개월 전 우리 집에 와서 저녁을 먹었던 볼리비아 여성이 눈에 띄었다. '술마'였다. 나는 그녀를 알고 있었고 그녀 역시 내가 누구인지 알고 있었다. 나는 그녀에게 까르멘이 거절한 봉투를 내밀었다. 그녀는 "내가 백화점에서 받은 선물이라"는 말에 지긋한 표정으로 웃으며 고맙다며 받았다.

그리고 또 여러 해가 지났다. 우연히 그녀를 만나게 되었는데 그녀는 그때의 일을 기억해내며 내게 말했다. "사실은, 그 주간에 일하지 못 해서 먹을 것이 없었다고."그 이후에도 그녀를 가끔 길에서 만난다. 나는 그녀에게 커피를 대접하곤 했다.(꼬르도바 시내의 커피 한잔은 1유로 20센트로 우리 돈으로 1,500원 정도다). 그녀는 내게 일자리를 찾을 수 있도록 기도해 달라고 부탁하였다. 얼마 후, 그녀로부터 계약직 가정부 일자리를 찾았다는 소식을 들었다.

5. 바뚤 (2015년의 여름)

바뚤은 무슬만의 규범을 엄격하게 지키지는 않지만, 이슬람 국가에서 태어나고 자란 아가씨이다. 터어키에서 스페인에 교환 학생으로 온 그녀는 나와 알게 되었고 자신의 나라로 돌아가 대학과정을 마치고 잠시 다니러 온 어느 여름, 그녀는 나를 다시 방문했다. 며칠간의 방문이 끝난 후 그녀가 돌아가는 시간은 마침 주일 아침이었는데, 그녀와 나는 아침 식사를 위해 어느 식당의 바깥에 자리를 잡았다. 여름 아침의 햇볕이 따갑게 내리쬐고 있었다. 나는 요한복음 1장을 폈다. 내가 제일 좋아하는 1절에서 14절까지의 본문이었다. 나는 이 부분을 설명하며 예수님이 하나님이시며 그분의 독생자임을 잠잠히 설명했다. 그리고 예수를 믿는 자에게 주는 하나님의 자녀 됨의 권세에 관해 설명했다. 몇 년째 알고 있었지만, 그녀는 내가 기도하는 것을 허락하는 정도였으므로 직접 성경을 얘기하지 않고 있었는데 그날 아침은 왠지 그녀를 다시 못 볼 것 같아서 주일이라는 핑계를 들어 설교 아닌 설교를 했다. 그녀는 잠자코 듣고 있었다. 예의가 바르고 매우 아름다운 아가씨였다. 설교를 마치고 마무리 기도를 하고 그녀에게 기도를 요청했다. 그녀가 갑자기 아랍어로 기도를 했다. 그녀가 '아멘'하고 마치자 내가 무슨 기도였느냐고 물었다. 그녀는 내게 설명했다. "저는, '예수 그리스도는 하나님의 아들이 아닙니다.'라는 이슬람식 고백 문을 암송했을 뿐입니다."라고 대답한다. 이번엔 내가 당황하였다. 그리고 그녀는 자신의 나라로 돌아갔다.

6. 술마와 함께 시작한 제자화 사역

2016년 10월 어느 주간이었다. 나는 그날도 오후 1시에 시작하는 예배 준비를 위해 교회를 청소하면서 롤라를 기다리고 있었다. 그런데 술마가 왔다. 의논할 것이 있어서 나를 찾아왔다고 한다. 그녀는 내가 예전에 7~8년 동안 함께 했던 복음 침례교회 소속이므로 별다른 걱정은 하지 않고 있었다. 그런 그녀가 내가 교회를 오픈 하였다는 이야기를 듣고 찾아온 것이다. 나는 우선 예배를 드리고 나서 롤라 할머니를 집에 바래다준 후에 점심을 먹으며 이야기하자고 했다. 우리는 롤라 할머니가 요한1서 1장의 일부분을 읽게 하고 그녀에게 기도를 요청했다. 예배를 마친 후, 술마가 자진하여 롤라 할머니를 집까지 바래다 드렸다. 그리고 우리는 함께 점심을 먹었다. 그녀는 스페인 현지 교회 안에서 이민자가 겪을 수 있는 어떤 불쾌한 상황을 겪은 것 같았다. 교회 안에 목회자의 손길이 미치지 못하는 영역이 있다. 그녀의 딸 세시아가 주일학교 현지 아이들에게서 상처입은 것이 극복이 안 된 상태였다. 그렇게 그녀는 조금씩 자신의 문제를 풀어 놓기 시작했는데, 가족사항을 털어놓기 시작했다. 그녀와 이야기 하는 것이 처음이 아닌 나는 별로 대수롭지 않게 여겼다. 이미 그녀가 누구인지, 어떤 상황인지 알고 있었으니까. 일전에 그녀는 교회를 옮기고 싶어 했고 나는 그녀에게 교회를 옮기지 말라 고 충고했음에도 그녀는 스페인 현지 교회가 아닌 라틴 아메리카 교회로 옮겼다. 그 교회는 볼리비아인 술마에게는 적합할지 모르나 거리상 다른 도시에 있으므로 자동차도 없이 9살 어린 딸과 주일마다 가기가 쉽지 않다. 누군가 데려가 주지 않으면 갈수가 없다는 것을 뻔히 알면서 그녀는 나의 충고를 받아들이지 않더니 마침내, 그녀에게는 교회를 쉬게 되는 상황이 온 것이다. 나는 그녀에게 제안했다."주일마다 교회에 갈 수 없으면 우리 교회로 오세요"라고. 이렇게 되어 그녀는 우리 교회로 오기 시작했다. 가끔 자신이 속해 있다고 생각하는 그 교회에 가기도 하면서.

성경읽기 대장정

그 후 몇 개월이 지나서 2017년 8월 여름이었다. 우리는 한 달간 성경읽기 대장정을 시작했다. 마침, 8월 한 달은 꼬르도바 현지인 가정에서 가정부로 일하는 그녀가 1년에 1번씩 갖게 되는 휴가 기간이다. 나는 그 기간을 놓치고 싶지 않았다. 물론 그녀는 자신의 휴가 기간에도 놀지 않고 일을 찾아서 해야 하지만 적어도 평일의 몇 시간은 사용할 수 있었다. 그녀와 그녀의 딸은 8월 내내 거의 매일 아침 교회로 와서 함께 성경을 읽었다. 둘 다 행복해했다. 저녁이면 일을 하러 갔다. 이튿날 아침이면 우린 만나서 아침을 먹고 성경을 읽었다. 이렇게 한 달을 보내고 마지막 주가 끝날 무렵, 나는 그녀들을 데리고 뷔페식당에 갔다. 성경 읽기 대장정 시간을 축하하기 위해 서 였다. 식사 중에 술마는 "내일은 금식하고 싶어요"라고 한다. 사실, 가난한 우리에게 뷔페 식사는 너무 고급이었다. 그녀가 말하는 의미를 나는 알고 있었다. 오늘 잘 먹었으니 내일 금식하겠다는. 나는 그녀에게 "그렇게 말해 줘서 고마워요. 사실 나도 금식하고 싶었어요. 같이 합시다."이렇게 해서 그녀와 그녀의 딸, 그리고 나는 그다음 날 금식했다. 금식하기로 한 날인데 아침 음식을 바리바리 싸 온 모녀로 인해 나는 한바탕 웃음을 터뜨려야 했다. "금식일인데 웬 음식이냐?"고 했더니 금식 후 먹을 음식이라고 한다. 그러면서 모녀는 하나님을 찬양하며 참 많이 행복해한다. 남편이자 아이의 아버지인 가장이 자신들을 버리고 집을 나갔지만, 주님을 알아가고 있다는 사실 하나만으로 주님을 찬양할 줄 알았다. 그런 그 모녀를 보면서 나도 참 많이 행복해 했다. 계획대로 성경을 완독하지는 못했지만 나는 우리 가운데 임하셨던 우리 주님의 긍휼을 보았다.

성경의 연대기 공부

이듬해 2018년 1월이 되면서 술마와 나는 본격적으로 제자화 훈련을 시작했다. 교재는 성경이고 창세기 1장부터 시작했다. 창세기 5장과 11장의 족보 장으로 숫자 놀이를 하기로 했다. 산수 실력이 필요 했다. 산수를 해야 한다는 것 때문에 술마는 당황했다. 하지만 곧 재미를 느끼는 듯 했다. 노아는 아담의 10대 손이다. 그렇다면 아담 에서 노아까지 아담이 타락 후 몇 년이 지나 홍수가 있었는지 직접 계산해 보기로 했다. 그리고 아담과는 어떠한 관계가 있을지 알아보았다. 아담의 아들 셋이 태어날 때 130세다. 셋의 아들 에노스가 태어날 때는 셋이 105세이므로 아담은 235세다(130+105). 에노스의 아들 가이난이 태어날 때 에노스는 90세, 셋은195(105+90)세, 아담은 325(235+90)세다. 아담의 5대손 마하랄렐이 태어날 때 가이난은 70세, 에노스는 160세(70+90), 셋은 265 (195+70)세, 아담은 395(325+70)세다. 7대손 에녹이 태어났을 때 아담은 622세였다. 노아의 아버지 라멕이 태어났을 때 아담은 874세였다. 아담이 930세에 죽을 때 에녹은 308세, 무드셀라는 243세, 라멕은 56세였다. 에녹은 아담이 죽은 지 57년 만에 하나님께서 그를 데려 가셨다. 에녹의 아들 무두셀라가 969세 때 그의 손자 노아는 600세였다. 무두셀라는 대홍수의 해에 죽었다.

아담과 그의 십대손 노아와는 그리 멀리 있는 사이가 아니었다. 노아는 아담이 죽은 지 126년 만에, 에녹이 승천한지 69년, 그리고 셋이 죽은 지 14년 만에 태어났다. 아담의 3대손 이후는 에녹을 제외하고 모두 노아가 성인이 되어 죽었다. 특히 노아의 할아버지는 대홍수 때까지 살아 있었다. 물론 아담이 셋을 낳았던 시기부터 노아 홍수 때까지의 계산은 간단하게 숫자로 나온다. 무드셀라가 태어날 때 아담의 나이가 687세인데 노아 홍수 때 죽은 무두셀라의 나이는 969세이므로 합하면 1,656년이다. 이것이 우리가 했던 숫자 놀이다. 노아가 하나님의 뜻을 쉽게 알 수 있던 이유도 있다. 그의 9대 할아버지 셋은 노아가 태어나기 14년 전에 돌아가셨다. 몇 주에 걸쳐서 우리는 이 놀이를 했다.

제 5장의 족보로 숫자 놀이가 끝난 지 1주일 뒤 그녀는 제자 화 시간을 기다렸다는 듯이 내게 물었다. "선교사님, 노아의 할아버지 무드셀라가 대홍수 때 죽었다면 그는 왜 방주에 타지 못했을까요?"그리고 그녀는 스스로 "그의 죄가 방주에 못 들어가게 했을 것."이라는 결론을 내린다. 노아가 하나님의 뜻을 쉽게 알 수 있었던 것은 아마도 여러 대의 할아버지들이 살아 계셨기 때문으로 보인다. 물론 서로 흩어져 있었고 죄가 만연했을지라도, 신실한 자손들은 분명히 서로 교제하며 살았을 것을 쉽게 유추할 수 있다. 마찬가지로 창세기 11장에서는, 아브라함이 죽었을 때 셈은 아직 살아 있었음을 이야기 하고 있었다. 대 홍수 후

셈은 500세를 더 살아 600세에 죽었다. 이는 아브라함이 175세에 죽을 때 셈은 565세임을 알 수 있었다. 아브라함과 이삭, 그리고 야곱의 삶에 개입하였을 셈의 삶을 유추해 볼 수 있었다.

이 숫자 놀이를 통해 왠지 모르게 우리를 숙연하게 하는 하나님의 위엄을 보았다. 술마는 이제 제자 화 성경공부시간을 가장 우선순위로 두고 있다.

7. 나의 선교지, 스페인의 꼬르도바

스페인의 개신교인들에게 "스페인은 선교사들의 무덤(La tumba de los misioneros)"이라는 말이 있다. 선교사들이 오래 버티지 못하고 철수할 수밖에 없는 상황이 많이 있다는 것이다. 피터 와그너는 그의 책 "기독교 선교전략"(전호진 역; 생명의 말씀사; 1971), 〈〈제 10장 도시 전도의 전략〉〉 에서 복음에 저항하는 도시와 수용하는 도시가 있다고 말한다. 스페인 전역이 그렇듯이, 내가 있는 스페인의 안달루시아 주에 속하는 '꼬르도바'도 변화를 아주 느리게 받아들이는 도시의 하나로 복음에 빨리 반응하는 도시가 아니다. 몇 년 전 은퇴하신 영국의 모 선교사 부부는 꼬르도바 외각 한 마을에 교회를 세워 30년 동안 주일 마다 문을 여닫지만, 현지인들을 1명도 얻지 못하였다. 그렇다고 실패했다고 생각하지는 않는다. 꼬르도바 주변에 교회를 세웠던 다른 선교사들 역시 지금은 문을 닫고 떠나는데 현지인을 얻지 못했기 때문이다. 한국에는 알려지지 않았지만 유럽선교의 수장이라고 불리 울 만큼 선교의 전략적 배치를 탁월하게 하는 선교단체 중 하나에 소속된 분들인데 말이다.

꼬르드바는 그럴 만한 역사적 배경이 있다. 13세기 가톨릭 왕들에 의해 재정복되기 전까지 아랍인이 지배하던 이곳은 "알 안달루시아"의 수도였으며, 로마 행정구역에 속하기도 하여, 사실상 11~13세기에는 유럽의 최대 중심도시였다. 아랍인들이 거의 스페인 전역을 점령하고 13세기에 꼬르도바가 망할 때까지 지배하였으나, 자진해서 무슬만(이슬람을 믿는 사람을 칭하는 용어)으로 개종한 사람들은 없었다고 한다. 타 종교인들과 더불어 사는 것이 익숙한 이들에게는 복음이라는 이름으로 들어오는 개신교인에게도 마찬가지로 그리 관심을 가지지 않는다. 다시 말하면, 거의 개종이 쉽게 일어나지 않는다.

15세기 종교재판이 시작되기 전의 스페인은 유대교를 믿는 유대인들, 가톨릭을 믿는 스페인 일반인들, 그리고 이슬람을 믿는 아랍인들이 공존했다. 지금도, 시민들은 "우리는 모두 유일신 하나님을 믿는 같은 신자들이다"라고 쉽게 고백한다. 적어도 글을 알지 못했던 그 옛날의 그들에게 있어서 유일신 하나님은 동일했다. 그래서 지금도 그들은 지금 방금 만나는 사람들에게 "형제여! "하고 부르는 것을 주저하지 않는다. 그러던 그들에게 스페인의 지방 국가들이 통일되고 아랍인들을 몰아낸 후 이사벨라와 페르난도 가톨릭 왕들이 통치하는 15세기 이후부터 20세기 말 까지 긴 세기 동안 스페인 국민이면 모두 가톨릭 교인이 되어야 한다는, 다른 선택의 여지가 없던 단 하나의 길고 긴 터널을 지나야 했다. 처음엔 "종교재판 기구"안에 장을 두었지만, 절대 왕권의 통치기구 중의 하나인

"최고 국무기관"을 세워서 종교심의와 재판을 이 기구에서 행하였다.

　　15세기에는 주로 유대교인과 이슬람 교인이 종교재판의 대상이었었으나, 16세기에 들어서는 개신교에 관심을 갖게 된 가톨릭 내의 신부들, 혹은 수도사들이거나 정치인, 그리고 지식인들이었다. 16세기는 신성 로마제국의 중심부, 즉 지금의 독일에서 루터가 기독교회(가톨릭)의 갱신을 시도하다가 실패한 후 개신교를 창단하면서 그 여파는 유럽 전역에 미치고 있었다. 스페인내의 기득권층이며 지식인들이 주류였던 가톨릭교회에도 예외는 아니었다. 물론 루터의 사상이 전해 졌다기보다는 그 당시의 새로운 인문학의 거장 에라스무스의 사상과, 코페르니우스의'지동설'이론이 함께 어우러진 결과물들이었다. 신성로마 제국의 황제였던 칼 5세는 스페인에 종교재판을 공식화시킨 이사벨라와 페르난도의 손자인데 아버지 펠립페 1세로 인해 독일의 황제이면서 동시에 스페인의 황제 칼1세로 불리우는 사람이다. 유럽 내 새롭게 일어나던 새로운 사상으로 인해 골머리를 앓던 그는, 결국 자신의 황제 직을 독일은 자신의 동생에게, 스페인은 자신의 아들 펠립페 2세에게 내려놓고 스페인에 돌아와 은둔 생활을 하게 된다. 이즈음 그는 스페인내의 가톨릭 신부들과 기득권층이 새로운 사상에 물들어 간다는 사실을 알고 개신교인들을 종교재판에 회부하도록 명한다. 그러한 과정 중에, 1557년 세비야에 있던 한 수도원에 12명의 수도사들이 이 소식을 듣고, 종교재판을 피하기 위해 유럽으로 도망을 하게 된다. 그들은 스위스로, 벨기에로, 영국으로 배회하면서 스페인 종교재판에 대한 실상을 알렸다.'까시오도로 레이나'와 '시쁘리아노 발레라'는 그들 12명중에 속한다. 루터가 1534년 라틴어 성경을 독일인이 사용하던 언어로 번역. 출판 한 후 35년이 지난 1569 년 레이나 역시 타지에서 유리하는 생활을 하면서 동료들과 함께 성경 전체를 스페인어로 번역한다. 물론 루터나 레이나가 번역한 성경의 기본은 70인경이어서 그 순서를 그대로 따랐다. 까지오도로 레이나는 1557년 스페인 세비야 도시에서 도망 나온 뒤 12년이 지난 1569년, 스위스 바젤에서 성경을 "곰의 책(La Biblia del Oso)"이라는 이름으로 신구약 성경을 발표한다. 성경번역이 이렇게 비밀리에 이루어진 것이다.

1569년 레이나가 죽은 후 1602년 시쁘리아노 발레라는 "곰의 책"이라고 불리는 성경의 오류를 교정하여 "물동이의 책"이라는 이름으로 발표한다. 이 책은 지금의 스페인 개신교인들이 예배 시에 사용하는 스페인어 성경책이다. 종교재판 제도는 19세기 말 스페인에서는 폐지된다.

1869년 꼬르도바에 영국인 한 분이 개신교 선교사로 들어와 개신교를 개척했다. 스페인 내에서의 종교재판의 법적인 효력이 없어졌기 때문이었다. 이렇게 해서 꼬르도바를 비롯한 스페인 내 개신교회들이 성장하는 듯 했으나 1936~1939년 스페인 내전이 끝난 후 그 땅을 독재 하였던, 프랑코는 1975년 사망하기까지 스페인을 가톨릭 안에서 하나 되게 하는 정책을 폈다. 이제 스페인에는 가톨릭신자가 되지 않으면, 기득권층이 될 수 없고 소외되는 부류로 남게 되는 일이 다시 번복된 것이다. 1975년 그가 사망하여 그의 독재 정치가 끝난 3년 뒤 스페인 내 소위 현대적 정치 내각이 세워 지면서 1978년 헌법 개정에서 어느 종교도 국교가 될 수 없고, 누구나 종교를 선택할 자유가 있다고 선언하게 된다. 그리고 이제 40여년이 지났다. 2016년 사회연구 센터의 조사에 의하면, 68.4%가 가톨릭이라고 고백하며, 그들 중 56.9%, 거의 혹은 전혀 가톨릭교회에 나가지 않으며, 15.6%는 가끔 나가며, 14.6%는 매주 나가고 있다고 고백한다. 이들은 신이 있다고 믿으나 종교생활을 하지 않는 사람은 16.8%, 신이 없다고 말하는 사람은 9.6%, 개신교를 비롯한 소수종교에 속한다고 말한 사람은 2.3%이다.

18~24세 청년들은 50%가 가톨릭에 관심이 없으며, 46%은 가톨릭에 관심이 있다고 대답했다. 스페인은 17개의 자치주에 50개의 도시(도청)가 속해 있고, 2개의 자치주가 아프리카대륙 북부에 있다. 내가 있는 꼬르도바는 스페인의 17개 주의 안달루시아 주에 속하는 50개의 도시 중의 하나다. 꼬르도바 도청 내에 77개의 소도시들이 있다. 꼬르도바 도청 관할의 전체 크기는 13,771km2 이며, 꼬르도바시는 1,253km2이다. 꼬르도바 도청 내에 전체 인구는 약 80만이며, 내가 있는 꼬르도바의 시내의 인구는 약 36만 명이다. 스페인의 전체 면적은 505,944 km2 이며 인구는 4천7백만 정도다. 이 숫자는 내가 2005년 스페인에 갈 당시와 같은 숫자다. 이들 중 5백만은 이민자들이다.

꼬르도바 출신 혹은 스페인 출신 목회자가 사역하는 교회는 공식적으로 7~8개 정도이며, 그 외의 라틴계 개신교회와 집시계 개신교회가 우후죽순으로 존재한다. 7~8개의 교회 중 성도 수가 가장 많은 교회는 꼬르도바 복음주의 교회인데 250명, 하나님의 성회 소속 기독교 사랑의 교회가 약 250명이며, 그 외의 교회는 50~60명의 성도들이 모이고 있다. 2017년 꼬르도바 개신교 연합에 등록된 모든 종류의 개신교회는 50개로 알려져 있다.

스페인 개신교의 예배 형식은 교회마다 약간씩 다르지만 30~40분 혹은 1시간가량을 주로 복음성가로 찬양하고, 1시간의 설교를 하고, 헌금 시간을 갖고 마친다. 성찬을 하는 주일은 설교 전후로 순서를 넣는다. 예배 시간은 2시간 정도 된다. 매일 새벽예배는 없으나 금요일 릴레이 중보기도 시간이 있어서 새벽6시 30분에 시작하여 오후기도회 시간까지 계속 이어진다. 이들은 사도신경을 고백하지 않는다. 로만 가톨릭의 교회(성당)에 대한 거부감을 표현하고 있는 것이다.

8. 단기 방문 팀과 합류하다

2016년 여름, 은퇴를 앞두고 계시는 한국교회 모 교단 총회 선교회 파송 선교사님은 다른 해와 마찬가지로 통역이 필요하니 도와 달라며 내게 전화를 하셨다.'예'대답 하고서, 급하게 여비를 만들어 정해진 날짜에 맞춰 기차를 타고 '그라나다'로 향했다. 스페인 남부 지역의 꼬르도바와 마찬가지로 안달루시아 주에 속한 도시 그라나다에는 중남미 볼리비아 인(스페인어권 중남미이민자들) 들이 많이 거주한다. 그라나다에는 계절신학교 교장이신 한국선교사님의 가르침을 받은 볼리비아 한 남성이 세운 교회가 있는데 무르시아에서 열리는 계절 신학교의 개강 전에 당신의 학생이 세운 이 교회에서 부흥회를 하고 싶으신 것 같다. 집회 장소에 도착하니 한국에서 온 단기 방문 팀이 눈에 띄었다. 인상이 좋은 목사님과 집사님들, 그리고 몇 명의 청소년들이 와서 섬기게 되었다며 나에게 소개하신다. 일손이 많이 필요한 사역이기에 그분들의 역할을 기대했다. 집회가 시작되고 독일에서 오신 우리 교단 목사님의'성령 론'강의가 끝나고 곧이어 단기 방문 팀을 인솔해서 오신 목사님과 청소년들, 그리고 찬양 팀으로 이루어진 부흥회가 있었다. 설교하시는 분의 강렬한 메시지는 통역자인 나와 나이 지긋한 현지의 선교사들을 다소 당황하게 하였지만, 카리스마적 성향의 부흥회는 잘 진행 되었다. 그들은 한국어 찬양을 스페인어로 번역하여 은혜를 끼친 잘 준비된 집회였다. 볼리비아 여성 한 분이 회심 한 게 분명하다.

부흥회와 단기 방문 팀을 이끄는 목사님은 "내가 이 몇 십 명 앞에서 부흥회를 하려고 그 먼 거리 에서 이곳까지 고생하면서 온 줄 아느냐"고 하셔서 우리는 다소 긴장했다. 한국에서 마드리드까지 비행기로 12시간, 그리고 마드리드에서 차로 7~10시간을 쉬지 않고 달려서 스페인의 남부 안달루시아 주 그라나다 도시에 오셨을 것이다. 한두 명을 대상으로 하는 내 사역에 비하면, 우리 한국 선교사님의 가르침에 볼리비아의 한 청년이 변한 것이 얼마나 큰 기쁨인가! 바로 이 청년이 친히 교회를 세우고 사역하는 그 교회의 성도들은 30~40여명이나 된다. 그 성도들이 내 눈에는 1,000명 이상으로 보이는데 한국에 비하면 답답하고 안타까우셨으리라.

그날 밤, 단기 방문 팀과 나는 그라나다 교회의 의자를 붙여 놓고 여기 저기 흩어져서 새우잠을 잤다. 선교사님들이 가정집으로 주무시러 가며 나를 초대 하였지만 청년시절이 생각나서 단기 선교 팀과 같이 있고 싶었기 때문이다. 30년 전, 교회에서 청년들과 밤을 새웠던 기억을 떠올리며 조금 불편했지만 그런대로 행복한 밤이었다.

다음날이다. 약속된 집회 시간에는 아무도 나타나지 않았다. 늦게 나타나는 것이 이들에게는 하나의 문화다. 이곳 현지에서는 아무렇지 않은 일이다. 기다리는데 익숙해져 있는 현지 선교사들은 한국 목회에 노련하신 그분의 급한 심정에 당황했다. 제 시간에 당도한 한 명을 놓고 목사님의 설교가 시작 되었으니 얼마나 속이 상하셨을까. 한국교회 교인들은 정말 부지런하다.

그라나다에서 다음 사역지 무르시아로 가야 하는 장거리 여행을 앞두고 문제가 생겼다. 자동차는 3대인데 사람이 딱 1명 더 많은 것이었다. 난감해졌다. 나는 얼른,"내가 길을 알고 있으니 나는 시외버스로 가겠다"고 하고는 내 여행 짐은 그들의 차에 태우고 손가방만 들고 시외버스 터미널로 향했다."이들보다 먼저 도착해서 저녁을 해 놓아야지"하는 생각으로 부지런히 무르시아 행 버스정류장으로 향했다. 그러나 생각과 달리 무르시아 로 가는 시외버스는 나를 기다려주지 않았다. 버스터미널에서 장시간을 기다린 후에야 무르시아 행 버스를 탔다. 무르시아에 도착했을 때는 이미 깜깜한 밤이었다. 무르시아에서 계절학교를 여는 선교지 까지는 아직도 1시간 반 정도를 더 가야하는데 지방 도시로 가는 시외버스가 이미 끊어진 상태였다. 나는 택시를 잡아타고 계절 학교가 있는 무르시아의 지방 도시를 향하였다. 밤길에 외진 시골길을 혼자서 택시로 가고 있었으니 내심 많이 조마조마 했다."위험한 상황은 애초에 만들지 않을 것"이라는 내 선교사역의 첫 번째 주의사항을 깨뜨린 날이었다."저녁을 해놓고 그분들을 맞이해야지"하는 나의 꿈은 이렇게 무산 되었다.

그라나다에서 무르시아 행 차량을 타고 오시는 분들 역시 마음이 편치 않으셨던 모양이다. 밤늦게 무르시아에 도착하자 선교사님 한 분이 주무시지 않고 기다리며 마중을 나오셨다. 신학교에는 통역 외에 할 일이 많았다. 부엌일을 돕고, 청소를 하고.

단기 방문 팀은 한국에서 몇 개월의 기도와 철저한 준비를 했다고 한다. 하지만 한국교회에 잘 알려진 전도전략을 현지 교회에 접목하는 데는 무리한 점이 많았다. 하루하루의 끼니를 위해 일당, 혹은 적은 액수의 월급을 위해 노동으로 먹고사는 볼리비아 이민자들에게는, 한국교회의 전도전략이 피부로 쉽게 와 닿을 수 없었을 것이다. 계절 신학교 책임을 맡은 현지 선교사의 고충도 나름 있다. 계획대로 되지 않는 것이 현장이다. 창고를 빌려서 예배를 드리는 그들 역시 스페인의 이민자로서 둘 쑥 날 쑥 나그네처럼 살고 있다. 게다가 선교지의 상황은 수시로 어떤 일이 일어날지 모르며 이에 대한 순발력을 요구한다. 한국에서 치밀하게 준비한 계획대로 되지 않을 수 있다. 그래도 그들이 와서 돕고 있는 것이 좋고, 감사했다.

계절 신학교에서는 예산 때문에 고기를 먹는 경우는 드물었다. 무료로 가르치는 신학교 사역에다가 강사들의 헌금으로 진행되어서 예산이 늘 빠듯하다. 그러나 이 단기 봉사 팀 때문에 음식과 고기가 넘쳤다. 그들은 없는 재정에 이 신학교를 섬기기 위해 털어 놓았을 것이다. 먼 나라까지 와서 하는 그 헌신과 열심이 감사하다. 꼬르도바로 돌아오는 긴 여행에서 내 몸은 천근만근이지만 한국교회 성도들과 함께 지낸 1주일은 아마 오래 기억될 것이다.

단기 방문 팀은 5명 이내로 와서 현지 사정을 들어주고, 어떤 도움이 필요한지 묻고, 기도해주고, 이해해 주고, 같이 웃어주고 기다려 주고 그러면 좋겠다. 현지 교회에 영향력을 주고 싶다는 열정이 오히려 실망을 안겨줄지도 모른다. 나와 전혀 다른 그들과 함께 있다는 그 자체가 선교이고 축복이다. 복음이 우릴 그냥 그 안에서 살도록 우리를 초대하였듯이.

9. 몬세 모녀와 아나 와의 숨바꼭질

개신교가 싫다는 몬세

가끔 선교사로서의 한계를 느낀다. "그만두고 한국으로 돌아가야 하나요?"라고 질문 아닌 질문을 한다. 물론 선교사역을 그만둘 마음으로 하는 말은 아니다. 몬세와 그녀의 엄마 몬세와 같은 분들 때문에 하는 질문이다. 스페인 가족의 이름은, 아들과 아버지의 이름이 같고 엄마와 딸의 이름이 같은 경우가 허다하다. 아들이 많으면, 그들의 이름은 할아버지, 삼촌들의 이름과 같게 되고, 딸에게는 고모나 이모 그리고 양가 할머니의 이름을 붙인다. 한 가족 내에 같은 이름이 공존한다. 이것이 그들에게는 전혀 이상하지 않다. 몬세 모녀도 그런 경우다.

그녀들을 안지는 여러 해가 되었다. 어느 수요일 여름, 노방 전도 팀과 함께 전도하다가 만났는데 젊고 아름다운 여성들이었다. 우리는 그녀들을 꼬르도바 복음교회에 인도했었다. 처음엔 잘 적응하는 듯 했다. 엄마가 일을 하는 관계로 딸 몬세는 나에게 거의 날마다 찾아왔다. 나는 그녀에게 성경을 선물하고 기독교 관련 책자들을 선물했다. 그녀는 성경과 내가 준 책자들을 읽고는 펑펑 울며 죄를 고백하고 개신교인으로 살겠다고 고백했다. 그녀는 기독교인의 삶에 관심을 가졌다."내가 그리스도인이라면 이것을 할 수 있는가?"라는 질문을 자주 했다. 내가"할 수 없다"라고 하면 화를 내곤 했다. 그렇게 시간이 흘렀다.

건강 때문에 원격대학에서 법을 전공하던 그녀는 다른 전공을 찾고 있었다. 나는 그녀에게 인문대학 역사학과를 추천했는데 그녀는 싫다고 했다. 그리고 그 후, 나는 첫 안식년에 한국을 방문하고 2달 뒤 현지에 가서 그녀를 찾았다. 그녀는 다시 나와 만남을 가졌다. 그러나 몇 주 후 내게 전화가 왔다."다시는 내게 전화하지 마세요. 난 개신교인이 싫어요"라며 전화를 끊는다. 그리고 그녀는 내 기도 명단에 올랐다. 나는 아직 학생 비자로 스페인에 살고 있어서 가끔 학교 수업에 가야한다. 어느 날 나는 인문대학의 복도에서 그녀를 만났다. 내가 말한 것을 기억하고 역사관련 학과에 수강 신청을 한 것이다. 우리는 다시 만났다. 그녀는 수시로 날 찾아왔다. 예전처럼.

아나

그 무렵에 나는 전도를 해서 양육 하고 있던'아나'라는 여성에게 집중하고 있었다. 아나는 우울증과 여러 지병으로 하루도 평안한 날을 갖지 못 하고 있어서 수시로 내게 전화를 하고 있었다.

어느 날 오후에 아나가 예고 없이 나를 찾아 왔는데 같은 시간에 몬세가 예고 없이 나타났다. 나는 그녀 둘을 각각 만나고 있어서 둘은 서로 모르는 사람으로 알았다. 게다가 몬세는 20대 후반인 청년의 시기에 있었고, 아나는 50대 후반으로 중년기를 지나고 있었다. 나는 두 사람을 서로 소개 시켰다. 둘 다 급박하게 나를 찾아 왔으므로 서로 불편해 하고 있었다. 한 사람은 상담이 필요하다 하고, 한 사람은 공부를 같이 하자고 한다. 그런데 두 사람이 서로에게 하는 말이 "우린 서로 알지 않나요?"라고 한다. 알고 보니 그들은 몇 개월 전에 같은 병원, 같은 병실에 입원 한 적이 있었다. 나는 두 사람을 데리고 밖으로 나와서 집 근처 산책로의 벤치에 앉았다.

20대 후반인 몬세의 삶을 아나가 본 것이다. 생각해보니 그 시기가 몬세가 바로 내게 전화를 끊었던 시기이기도 했다. 몬세는 아나가 자신을 안다는 것에 불편해 했다. 몬세는 아나에게 "이 선교사에게 속지 마셔요."라고 한마디를 하고 유유히 사라졌다. 사영리로 예수를 영접하고 성경을 읽으며 나와 교제하고 있었지만, 가톨릭의 틀을 놓지 못하는 아나에게는 그 순간이 하나의 도전이었으리라. 가톨릭이 아닌 다른 종교를 말하는 사람을 싫어하지 않고 얼마든지 교제를 할 수 있고 개신교회에 나가서 교제를 하지만, 가톨릭을 버리는 것을 두려워한다. 아나는 내가 필요해서 나를 만나고는 있었지만 한편으로는 가톨릭을 버리는 것을 두려워하였다. 나는 그 두려움이 없어지기를 기다리고 있었다. 몬세 역시 두려움이 있었다. 개신교 여성(필자를 의미)이 자신에게 유익할 것 같아 다가오기는 하였지만, 아나와 같은 두려움을 가지고 있었다. 물론 이들이 가톨릭이라고 고백한다고 해서 가톨릭교인 이라는 의미는 아니다. 그들에게 가톨릭은 단지 세계관의 기초이고 삶의 기초가 되는 무엇을 의미했다. 태어날 때부터 배우고 익숙해진 습관과 풍습으로 형성된 문화를 버릴 생각이 없는 것이다. 개신교인이 된 다는 것은 자기들의 습관과 풍습을 버린다는 의미다. 가톨릭을 국교로 삼았던 나라, 그 문화가 아직 건재한 나라에 사는 시민으로서 그 습관과 풍습에 대한 무관심을 의미한다.

스페인의 개신교인들은 누가 가르치지 않아도 예전의 좇았던 풍습과 습관을 조금씩 멀리 한다. 이것이 그들이 달라진다는 의미이기도 하다. 스페인의 개신교인 세계에서는, 십자가 목걸이를 목에 거는 것을 우상시라고 여기고, 사도신경을 외우고 주기도문을 외우는 등, 종교적인 의식으로 여겨지는 모든 것을 가톨릭의 문화로 이해하여 개신교인 들 내에서는 터부시 한다. 집집마다 있는 마리아와 성인들로 가득 채워진 촛불을 밝히고 기도하는 제단 역시 지금은 사라져간다. 몬세와 아나는 가톨릭 신자가 아니었기 때문에 개신교인이 되어도 사도신경이나 주기도문을 모르고, 집에는 제단도 없지만, 자신들이 가톨릭의 틀 안에 있다고 믿고 있었다. 몬세가 유유히 떠난 후 아나는 내가 당황하는 것으로 보였는지, 나를 오히려 위로하고 갔다. 말씀을 통해 반복된 "예수그리스도가 유일한 구세주"라는 고백을 하게 하였지만 그들에게 가톨릭을 버리라고는 하지 않았다. 그들은 가톨릭 신자가 아니었으므로.

그날 오후, 그녀들은 자신들이 태어날 때 이미 있었던 가톨릭의 풍습을 존중한다는 그들의 마음을 드러낸 순간이었다. 그 이후에도, 둘은 여러 이유로 나를 계속 찾아왔다. 아나의 남편, 아들, 딸 그리고 손녀들 사이에 나는 있었다. 나는 가끔 주일 하루를 그녀의 가족과 함께 보냈다. 내가 그들 가족 가운데 있으면 모든 게 평화롭다는 것이 아나의 생각이었다. 가톨릭의 신부를 중재자로 두어 가족가운데 초대하는 이치와 같았다. 그러던 아나는 결국 작년 가을 소천했다.

몬세모녀

면박을 주고 그렇게 돌아간 몬세는 이틀 후에 다시 내 집의 초인종을 눌렀다. 나는 그날 문을 열어주지 않았다. 그러나 우리는 다시 만나게 되었고 그녀가 오면 나는 그녀의 이야기를 들어주었다. 그러던 중에 2016년이 되었고 나는 월세를 주고 교회 장소를 갖게 되었다. 몬세는 주일 예배에는 오지 않았지만 주중에 교회에 방문했다. 나는 그녀가 젊은 청년이므로 기대 한 것이 많다. 빨리 성장하면 나를 도울 수도 있기를 기대한다. 그러나 그녀는 진전이 없다. 그녀가 대학교 2학년 과정을 마친 어느 날 내게 찾아왔다. 역사학과 공부를 포기하고 싶다고. 그녀가 말하는 이유는 이것이었다. 대학의 00 싱글 교수님을 좋아하는데 그는 이미 사귀는 사람이 있단다. 그가 사귀는 여성의 프로필을 보니 자신과 비교할 수 없을 정도로 화려하다. 어차피 진 싸움이라, 학교에서 그 교수를 마주치고 싶지 않아 공부를 포기하겠다고 한다. 나는 질문했다. "교수님이 널 좋아한다고 했느냐?"그녀는 "아니라"고 한다. "그런데 넌 학업을 포기 하려느냐? 어쩌면 그 교수는 수많은 학생 중에서 네가 누군지도 모를 거다."라고 했다. 당황할 것이라고 생각한 그녀의 대답은 의외였다. "어, 그러고 보니까 그러네요. 알았어요. 공부를 계속할게요."라고 한다. 그녀는 다시 수강 신청을 했다.

나는 그녀에게 계속 욕심을 부린다. 빨리 교회 생활을 시작하고, 제자 양육도 받고, 다른 사람도 돕기를 말이다. 그런데 그녀는 주일 예배에 나타나지 않는다. 어느 토요일 그녀와 그녀 엄마는 "다음날, 주일 예배에 오겠다"고 약속을 했다. 그러나 그녀들은 그 다음날 나타나지 않았다. 개신교를 방문하는 것과, 본격적으로 속하는 것의 의미를 잘 알고 있기 때문에 두려운 것이다. 그녀들에게 있어서 우리의 작은 교회는 자신들이 속해 있는 교회임을 잘 알고 있다. 그러나 아직 가톨릭을 떠나는 것이 두려운 것이다. 가톨릭의 바탕아래 세워진 세계관, 문화, 습관, 풍습들은 눈에 보이지 않지만, 그들을 유일하게 얽매이는 것들이다. 가톨릭의 풍습이라고 시민들은 이해 하지만, 사실상은 그 이상도 이하도 아닌 미신적인 풍습들이다.

나는 그녀들로 인해 상한 내 마음을 표현해야 할 것 같았다. 그들은 내가 얼마나 그녀들을 기다리는지 모른다. 내가 딸 몬세에게 가진 기대는 자주 무너진다. 아래 시를 적은 그날 주일처럼.

기다림은 스쳐 지나가는 한줌의 파도 살에

무색해진 흰 물거품이 되고

결코 세워지지 않을 수도 있다는

막연한 진실 앞에 눈앞에 하얗게 이는 파도 살만

멍한 눈길로 처다 본다.

OOO 로 건축되어진 OOO 탑은

어쩌면 결코 쉽게 허물어지지 않을 것이다.

아주 소수의 택함 받은 자들만이 바위 틈새를 뚫고 흐르는

축복의 빛을 찾게 될 것이다.

(2017년 4월 23일)

그녀들에 대한 내 짝 사랑의 아픔을 전혀 모르는 몬세 모녀에게 나는 아무렇지도 않는 듯이 음료를 대접하고 이야기를 듣는다. 그녀들을 보면 내 분노는 눈 녹듯이 녹아 버린다. 그런데 그날은 내 얼굴에 무언가 표현하고 있는 것이 있었나 보다. "선교사님, 내게 화 나셨어요?"라고 묻는다. "화가 난 게 아니라 걱정을 하고 있다."고 말했지만, 내 맘 한구석에 그녀들에 대해 무관심 해 버리고 싶은, 포기 하고 싶은 마음을 며칠 째 가지고 저녁마다 싸웠던 것을 숨길 수 없었다. 그러나 나는 안다. 그녀들을 결코 포기 하지 않을 것이라는 것을. 그녀들은 내 기도 리스트에 있다. 그리고 나는 기다린다. 몬세가 처음에 했던 그 고백이 진실했다는 것을 알 때까지.

10. 홀리아나와 나눈 하나님 나라 (2017년 5월 1일)

중국에서 교환 학생으로 온 홀리아나는 스페인어를 전공한다. 우연히 나를 알게 되고 내 집에 가끔 오면 우리는 식사를 같이하고 산보를 하며, 왜 교회가 있으며, 예수의 이름이 중요한지를 나누었다. 엘리트인 그녀에게 다른 사족이 필요 없었다. 하나님의 나라에 관해 이야기했다. 창세기를 이야기하고 신약의 하나님 나라를 이야기했다. 그리스도의 사역, 말씀, 성령, 얼마나 중요한 주제인가. 기도해야 하는 이유. 기도를 가능케 하는 이유. 기도 응답을 기대할 수 있는 방편인 하나님의 나라, 내가 속한 나라, 내가 소유한 나라, 내가 전파하고 있는 나라가 바로 그 하나님이 통치하는 나라임을 알려 주었다. 그녀와 대화하면서 '바로 이거다' 하는 맘이 확 와 닿았다. "하나님 나라 백성으로서의 정체성"이다. 그 이하도 이상도 아닌 복음의 의미들과 선교의 이유를 내 속에서 발견하면서, 제자 화 사역의 내용이 어떻게 될 것 인가?에 대한 해답을 얻었다. 답은 "하나님의 나라"다. 그녀는 눈이 동그래져서 듣는다. 자신의 엄마가 동네 교회에 나가서서 개신교의 존재를 알고 있었다면서. 그런데 그 안에 그런 의미가 있는지는 몰랐다고.

그녀가 자신의 나라로 돌아가기 전, 그러니까 마지막 주일에 나는 전도서 마지막 장으로 다시 한 번 '인생의 본분'에 대해 설교했다. 단지 그녀만을 위해 전도서 전체를 강해하였다. 설교 후 나는 그녀에게 기도를 부탁했다. 그녀는 그동안 막연하게 생각했던 기독교의 존재 이유를 이해하게 되었노라고 고백하는 기도를 잠잠히 울먹이며 하였다. 그녀에게도 외국어인 스페인어를 제법 능숙하게 구사하면서. 그리고 그녀는 자신의 나라로 돌아갔다. 그녀는 내 기도 리스트에 있다.

11. 선교의 책임을 나에게 묻다 (2017년 8월 5일)

주님 감사합니다.

감당할 수 없는 선교의 책임을 저에게 맡겨 주셔서 감사합니다.

저에게 주어진 숙제들을 잘 마무리하고 주님 뵐 수 있도록 축복합니다.

세상이 요동을 치고 있습니다.

제 마음도 함께 요동을 칩니다.

골방 안에서 나는 주님의 뜻을 봅니다.

무거운 현실입니다.

사도 바울 이후 선교에 대한 우리의

열망은 식어진 적이 없습니다.

맘에 불을 품고 달려가는 용사들의 길을 여시는

분이 바로 대장 되신 주님 당신이십니다.

할렐루야, 여호와를 찬송할 지어다.

선교의 책임은 선교사에게 있습니다.

나에게 주어진 책임은 제가 감당합니다.

12. 빠끼, 그리고 아우로라

　최근에 와서 빠끼의 건강 상태가 더 많이 약해졌다. 폐 한쪽을 떼어 내는 수술을 하고 한쪽 폐로 사는지 오래된 그녀에게 70대 중반의 나이가 말하듯이 심장 혈관의 흐름이 예전과 달라져 자주 곤욕을 치른다. 위급 상황을 알리는 비상 목걸이를 목에 걸고 산다. 엎친 데 덮친 격으로 큰딸 아우로라가 넘어져서 발가락을 5개나 다쳐서 수술을 받았다. 그녀들을 만나러 레이나 소피아 병원에 방문했다. 혹 도울 일이 있을까 하여 찾아갔는데 그녀의 친구들이 보살피고 있다. 좋은 친구들이 있으니 그나마 다행이다. 회복하려면 꽤 시간이 걸릴 텐데. (2017년 여름 어느 날 쓴 메모)

　빠끼는 2010년부터 2015년까지 5년 동안 내가 세 들어 살던 집 주인이다. 우리 세입자들 4명은 방이 네 개 있는 4층에서 살고 그녀는 3층에서 살았다. 사람을 좋아하는 그녀는 나와 금세 친구가 되었다. 나는 2006년부터 2010년까지는 내가 직접 집을 세내어 방을 내주면서 살았는데 그녀의 집에 방 하나를 세 들어 살게 되었다. 내 어려운 형편을 이해한 그녀는, 가난하게 살던 시절을 내게 털어놓았다. 남편을 잃은 지 오래되었고, 남편이 있었어도 가난했던 시절을 들려준다. 우리는 그렇게 친구가 돼가고 있었다. 옛날에는 내가 같이 살아도 되겠다는 사람들을 선택해서 살았기 때문에 청결과 안전이 보장된 상황이었으나 이집에서는 내가 사람들을 선택해서 들일 수 있는 것이 아니다. 누구에게 세 줄지는 집 주인 빠끼가 선택한다.

이사한 첫날부터 나는 잠을 잘 수 없었다. 내 방의 바로 옆 거실에서 밤새 틀어 놓은 TV와 담배를 피우는 한 여성 때문이었다. 새벽에 나가보니 그녀는 담배꽁초가 가득 찬 접시를 거실에 그대로 둔 채 출근하고 없었다. 그리고 며칠 동안 들어오지 않았다. 담배꽁초 접시를 치우고 부엌에 가니 씻지 않은 접시들이 산만큼 쌓여 있고 냉장고는 버릴 음식으로 가득 차 있었다. 샤워와 음식을 하기 위한 가스통은 텅 비어 있었다. 세 여성은 더러운 그대로 두고, 자고, 학교에 가거나 출근을 하고 있었다. 나는 냉장고를 치우고 음식을 하고, 씻기 위해서 가스통을 샀다. 이렇게 나의 첫 주는 지나갔다. 그들 중에 좀 나이 든 여대생이 있었는데 집에 오면 먹지도 않고, 씻지도 않는다. 나는 스페인 백화점에서 산 중국 라면에 야채를 듬뿍 넣어 먹곤 했는데 가격도 저렴하지만 일단 국물은 먹을 만하다. '안지'라고 하는 여대생에게 라면을 먹을 것인지 물었더니 그녀는 좋아했다. 그녀는 의외로 라면을 잘 먹고 그 바람에 우린 친구가 되었고, 그렇게 나의 입주식은 치러졌다.

그리고 얼마 후 그녀들은 다 이사를 나가고 해가 바뀌어 다른 여성들이 들어왔다. 입주한지 5년이 되면서는 대학 초년생들이 들어왔는데, 그녀들은 어리기도 하였지만, 나이가 지긋한 아시아 여성인 나를 전혀 적응하지 못했다. 매사에 트집을 잡았다. 그때마다 빠끼는 나를 신뢰하고 보호 해 주었다. "아시아 여성이 나이가 너무 많아서 우리와 안 맞아요. 내 보내 주세요"라고 부탁하는 그녀들의 요구를 빠끼는 들어주지 않았다. 2014년 1월, 장병두 목사님과 고신 측 선교사님 부부, 그리고 GMS 모 선교사님 부부가 꼬르도바를 방문했을 때도 나는 바로 4층 그 집에 살고 있었다. 그 집에서 그분들에게 저녁 식사를 대접했다. 그날 나는 현지인 중에 내가 가장 신뢰하는 빠끼에게 이분들을 소개했었다. 그녀는 약간 긴장한듯했으나 좋아했다.

2014년 말, 나는 대학교 1학년인 한 여학생과 그녀와 함께한 여성에게 떠밀려서 그 집을 나와야 할 상황이 되었다. 집 주인 노릇을 하는 아시아 여성을 더는 못 봐주겠다는 것이 그녀들의 논리였다. 나는 동물의 털, 진드기, 벌레들, 먼지 알레르기가 있는데 유독 꼬르도바에서는 더했다. 그녀들은 내가 동물 털 알레르기가 있다는 것을 알고 한명은 고양이를, 한명은 개를 데려오겠다고 주인인 빠끼에게 알렸단다. 나는 빠끼에게, 부탁을 했건만 이번에는 내 부탁을 들어주지 않는다. 그녀의 딸 아우로라가 결국 그녀들에게 전화해서 집에 돌아올 때 동물들을 데리고 오지 말라고 했다. 나는 그들이 자신들의 집에서 주말을 보내고 왔을 때, 그녀들에게 한 달을 기다려 달라고 부탁을 했다. 그리고 2015년 3월 3일 그 집에서 이사했다.

내가 빠끼의 집에서 나온 지 몇 개월 뒤 맏딸 아우로라가 자신의 회사에서 크게 왕따를 당하고 법률문제에 걸려서 변호사를 3,000유로에 사야 했다. 빠끼는 나를 붙들고"자신의 딸이 겪는 상황이 이해가 안 된다"고 하소연을 했다. 그리고 다시 1년이 지나던 여름. 아우로라는 발가락을 심하게 다친 것이다.

그녀는 당황해서 내게 전화하였다. 나는 병원에 달려갔고, 그녀들과 함께 있었다. 지금도 만나면 빠끼는 나를 붙들고 2014년 겨울 이야기를 자주한다. 내가 자신의 집에서 이사한 이유가 대학 초년생 아이들 탓이라며 미안해하는 눈치다.

그녀는 자신의 집에서 묵묵히 살았던 한 여성(필자를 의미)이 자신에게 어떠한 유익한 일을 했는지, 내가 그 집에서 나오고 난 후에야 체험하는 것 같았다.

　나는 전기세 영수증을 가지고 그녀와 자주 부딪혔었다. 우리가 사용한 것보다 너무 많이 나왔기 때문이다. 사용치 않은 전기세가 나올 리 없다는 그녀에게 설명해 주었다. 그녀는 전기 회사에 당당하게 이야기 할 수 있었고 우리는 전기세를 삭감하여 낼 수 있었다. 빠끼는 우리가 내지 않은 전기세를 이미 낸 것으로 착각한 경우도 있었다. 나는 우리가 전기세를 내지 않았으니 영수증을 살펴보라고 하고 그녀에게 전기세를 내주었다. 우리 중　한 두 명은, "내지 않아도 되는 돈을 불필요하게 내게 했다"고 불평을 했다. 주인이 전기세를 신청하지 않으면, 우리는 낼 필요가 없다는 것이 그녀들의 생각이었다.

　빠끼는 농담으로 내게 말하곤 했다. "이곳에 오는 외국 선교사들은 여유가 있는데 넌 그렇지 않구나."라고. 그러면 난 대답했다. 영수증 때문에 당신과 자주 부딪치지만, 바로 당신들이 살고 있는 삶을 내가 살고 있기 때문에 행복하다고. 우리는 자주 차를 마시고 산보를 하고 식사를 같이하곤 했다. 몬세나 아나와 달리 가톨릭 신자인 그녀는 집에 제단 비슷한 것을 만들어 놓고 기도를 한다. 그녀의 언니 중 한명은 수녀란다. 나는 빠끼가 가톨릭 신자라기보다는 기독교인이라는 생각을 한다. 그녀는 성모 마리아, 성인들을 찾기도 하지만 예수님을 찾는다. 한번은 그녀에게 "진짜 그리스도인들은 성모 마리아나 성인들을 찾지 않는다."했더니 1주일 뒤에 그녀는 내게 따지듯이 말한다. 자신은 성인 안토니오는 절대 버릴 수 없단다. 그녀는 성모 마리아의 무흠설과 승천설에

동의하는 것이 아니라 존중할 뿐이라고 한다. 빠끼가 세놓은 집에 살 때 나는 자주 예배를 드렸다. 한번은 디아나라는 여성 한명과 조용히 예배드리고 식사를 하려는 데, 3층의 빠끼가 올라왔다. 옆방에 있던 동료가 전화한 모양이다. 예배드리지 말라는 말을 차마 못하고 그냥 내려간다. 그녀는 착한 여성이다. 나에게 그녀는 친구이자 스페인의 젊은 엄마인 셈이다. 우리는 여러 모양으로 아픔을 겪는다. 우리는 서로 보듬어 주는 사이가 되었다. 그녀는 우리 교회에 속한 또 한 사람의 가족이다. 그녀와 그녀의 두 딸 아우로라와 베아뜨리체 역시 기도대상이다.

13. '나'를 찾아서 (2017년 5월 13일)

인간은 태어나는 순간부터 자기 존재를 찾기 시작한다. 어떤 이는 지식을 통해, 재물을 통해, 어떤 이는 알려짐을 통해, 어떤 이는 은둔을 통해서, 어떤 이는 관계를 통해 자기가 누구인지 확인하려고 한다. 끊임없이 잃어버린 자아를 찾는 것은 고대인이든, 현대인이든 동일한 속내다. 겉치장을 버리고 이 진실 앞에 서자. 예수 그리스도, 오직 그분을 알 때만이 가능하다. 참으로 오묘한 진실이고 진리이다.

14. 예수와 세상 (2017년 12월 31일)

예수와 세상은 소통하려 해도 할 수 없다. 예수 십자가의 보혈만이 유일한 소통의 통로다. 세상을 사랑으로 품지 않으면 소통이 불가능하다는 것을 절감한다. 미디어 매체들과 모든 리더십 강좌에서는 '소통'의 중요성을 강조하고 가르친다. 허둥대며 1년을 마무리하던 나는 내 기도 리스트에 있는 사람들과 새롭게 추가 되는 사람들이 어느 때에 우리 예수님과 소통할 수 있을 것인가? 라는 질문을 해 보았다. 이들은 언제 예수의 소통 방법에 응답할 것인가? 진정으로 이들이 예수님을 경배 하는 그날이 올 것을 기대한다. 진실로, 신령과 진정으로 예배하는 자들이 될 것을 바란다.

왜 이리 힘 드는가? 사람을 낚는 일은…

더 이상 나의 방법을 사용할 수 없다.

내가 운다.

슬피 운다.

흐느껴 운다.

통곡하며 운다.

엉엉 운다.

꺽꺽 운다.

눈물이 콧물이 된다.

나는 너무 힘들다.

속이 썩은 냄새를 토해낸다.

내 몸이 더는 제 기능을 안 하고 싶어 한다.

약국에서 산 위장약을 먹는다.

카톡과 와샵 사이를 오가는 축제 분위기

주님을 구한다.

주님을 기대한다.

주님께 매달린다.

나를 털어 놓아야 한다.

나를 뒤집어 놓아야 한다.

무엇이 날 괴롭히고 있는지 알아야 한다.

무엇이 날 괴롭히고 있는가?

무엇 때문에 이리 괴로워하는가?

무엇 때문에 분노하고 있는가?

그리고 그냥 부르는 이름들,

몬세, 아나와 디에고, 아라셀리, 마리아, 쥬디, 후안과 알렉스, 디아나와 그녀의 엄마, 마리빠즈, 술마와 세시아, 마르와 베아, 아나마리아와 호세, 아나마리아, 빠끼, 아우로라 와 베아, 베드로와 빠끼, 쑈냐, 꼰치, 마리아, 마놀로, 안토니오와 롤라, 안토니오와 마리아, 안토니오 떼레사, 아나, 에스뜨렐야와 아나, 롤라,호세피나, 까를로스와 임마, 까를로스, 마리아호세, 사무엘, 헤수스, 아드리안.

"아버지께 참되게 예배하는 자들은 영과 진리로 예배할 때가 오나니 곧 이때라. 아버지께서는 자기에게 이렇게 예배하는 자들을 찾으시느니라. 하나님은 영이시니 예배하는 자가 영과 진리로 예배 할지니라." 요 4:23~24

"하나님이 우리에게 주신 것은 두려워 하는 마음이 아니요. 오직 능력과 사랑과 절제하는 마음이니, 그러므로 너는 내가 우리 주를 증언함과 또는 주를 위하여 갇힌 자 된 나를 부끄러워하지 말고 오직 하나님의 능력을 따라 복음과 함께 고난을 받으라." 딤후1:7~8

15. 일상 (2018년 1월 14일)

하루를 살 힘이 있으면 그것으로 충분하다. 사람이 떡으로만 사는 것이 아니라 하나님의 말씀으로 산다는 주님의 말씀은 진리다. 내게 있어서 하루를 버티게 하는 힘은 말씀을 다른 사람과 나누는 것이다. 마리 빠쓰가 오늘은 성경을 읽자고 자기 집으로 오기를 부탁한다. 나에겐 엄청난 축복이다.

16. 사람과 사람 (2018년 3월 14일)

몇 주 동안 유투브를 통해 흘러나오는 수많은 정보들을 보며 맘이 답답해졌다. 시간이 갈수록 세상은 점점 더 사람들의 마음을 조여 간다. 많은 환자들. 그리스도의 십자가를 접하지 않는 한 결코 치료될 수 없는 사람들. 기도할 수밖에 없다.

1) 남북한 통일이 순조롭게 되기를 소망한다.

2) 교회들의 선교사역이 복음의 본질을 놓치지 않기를. 늦게나마 복음 앞에 다시 서게 하신 주님을 찬양하며 선교지에서 다시 깨닫게 되는 복음의 가치를 소망한다.

3) 성공과 실패에 얽매인 인생관에서 자유하고, 창조주이시고 구속의주 하나님의 존재 앞에 나아가는 자들이 되기를 기도한다

4) 성령의 멈추지 않는 역사를 기대한다

17. 오늘도 실패한 하루 (2018년 10월 12일)

보다 폰(영국산 유럽의 통신 회사)이 지난달 요금을 50.09 유로나 더 청구했다. 물론 실수였다고 사과하는데, 거침없이 분노하는 나를 보았다. 이번이 처음이 아니라 반복되는 나의 허물이다. 그들을 판단하고 정죄하는 나의 오만이다. 차분하게 말할 수 있었을 텐데 말이다. 덕이 부족하다. 나의 죄를 회개하고 기도한다. 주님의 축복을 요청한다.

18. 선교에로의 새 바람 (2018년 4월 5일)

선교에로의 새바람이

불기 시작한다.

마지막 잡았던 줄이 끊어 졌다.

하늘로 부터 튼튼한 줄이 내려온다.

사람의 힘으로 할 수 있는 것을 넘어서는

공중을 휘젓는 바람이요

메마른 땅을 적시는 강한 빗줄기다.

주님의 시간을 본다.

그분의 엄위이다.

찬송하고 찬송한다.

선교사이신 주님의 손길이

친히 당신의 사역으로 나를 이끄시는 순간이다

"그가 내게 대답하여 이르되 여호와께서 스룹바벨에게 하신 말씀이 이러하니라 만군의 여호와께서 말씀하시되 이는 힘으로 되지 아니하며 능력으로 되지 아니하고 오직 나의 영으로 되느니라." 스가랴 4:6

19. 보름 달 속에 숨겨진 주님의 은혜

어느 날 저녁, 하루를 마무리하기 위한 산보를 하던 나는 문득 꽉 찬 보름달이 동네를 환히 비추고 있는데, 전혀 깨닫지 못하고 있던 나를 발견했다. 예수께서는 세상의 빛으로 오셔서 넘치도록 비추고 있지만, 그분을 알지 못하고 지나간다. 달이 모든 것을 보듯이, 주님은 우리의 모든 것을 보고 계시는데 우리는 전혀 모르고 있다. 선교지에 한 선교사가 빛을 비추고 그들에 대해 다 알고 있으나, 그들은 그 선교사의 존재 자체도 모른다. 그래서 주님께 고백하듯이 시를 적어 보았다.

Luna, ¿Puedes ver algo?
(2018년 11월 9일)

Tú plenilunio, ¿A qué ves entre los árboles en el parque de la noche?

Solo pocas de las parejas se besan y se acarician.

El frío se les mandó a volver a casa y a las otras.

¿Quién verá a tu brillo que penetra a las tinieblas de la tierra?

¿Y quién verá a tu belleza cuando desnudas en el río de la noche

¿Tú ves algo o alguien?

Aún brillas sola entre los arboleados.

달, 뭐 보이는 게 있니?

너, 공원 나무들 사이를 비추는 보름달

뭔가 보이는 게 있니?

겨우 몇 몇 남녀들이 서로 속삭이더니

차가운 밤기운이 그들조차 집으로 가게 했네.

과연 누가 땅속 깊은 어둠까지도 파헤칠 수 있는 너의 빛을 볼 수 있을까?

과연 누가 밤 깊은 중에 드러내는 너의 아름다움을 훔칠 수 있을까?

넌 뭔가, 혹 누군가를 볼 수 있지 않을까?

비록 나무숲 사이 너 홀로 빛나고 있겠지만.

– 2018년 11월 9일

20. 선교란, 함께 사는 것

꼬르도바 시내 중심가를 걷고 있는데, 여행을 온 한국 여성을 우연히 알게 되었다. 한국에서 온 여행객중 내 맘에 부담이 있는 분들은 그냥 지나치지 않고 함께 할 자리를 만든다. 왠지 주님께서 혹시 무슨 사역을 하실 것 같았다. 그녀들 역시 주님이 하신 사역의 한순간에 들어온 분들이었다. 그녀들은 머뭇거렸지만 차 대접에 응했다. 말라가에서 온 한국어강사와 그녀의 딸, 그리고 그녀의 친구가 꼬르도바를 구경 왔다고 한다. 왠지, 그녀를 긍휼히 여기시는 주님의 마음을 느꼈다.

그리고 몇 개월 뒤 우연히 마드리드에 일이 있어 갔다가 하룻밤을 묵게 된 민박집에서 그녀들 중 한 명을 다시 만났다. 나는 잊고 있었는데, 그녀가 나를 기억한다. 이번에는 그녀가 나를 선교사라고 대접을 한다. 지난번 음료 대접에 대한 보답이라면서. 그리고 그녀는 내게 고백한다. 자기는 선교사들이 싫다고. 그녀는 단기봉사를 다녀와서 더는 선교사들을 신뢰하지 않는다고 한다. 어릴 적에 우러러봤던 선교사의 사역지에 방문해 보니 선교사들은 그저 놀고먹는 자들이고, 현지에서 만년 학생들이다. 그래서 불쾌해진다고 한다. 나는 그녀에게 "혹시 하나님께서 자매님을 선교사로 부르셨다면?"하고 질문해 봤다. 그녀는 결코 선교사는 되지 않겠다고 반복해서 말한다. 봉사를 다녀와서 내린 그녀의 결론이란다. 왠지, 내 맘이 쓰리고 아팠다. 그녀가 선교사를 비판하고 있었기 때문이 아니라, 그녀 자신에게 임하신 하나님의 뜻을 이해하지 못하고 있다는 마음이 내게 강하게 들었기 때문이다. 그녀는 어릴 적 환상이 자신으로 하여금 선교사를 왜곡된 눈으로 보게 한다는 것을 전혀 모르고 있었다. 그리고 자신의 앞에서 초라한 행색으로 자신의 이야기를 듣고 있는 한 여선교사(필자를 의미)를 좋아하는 것 같지 않았다.

선교는 보내지는 곳에 가서 그들 속에서 사는 것이다. 그들이 모여서 교회라는 이름이 세워질 수도 있지만, 그냥 그칠 수도 있다. 한국교회에서 선교사를 보낼 때 모든 걸 준비하여 보내지 않는다. 비자를 내주고 집을 사주고 그러지 않는다. 그렇더라도 선교사는 선교지에서 그들과 함께 살면서 현지인들이 가진 짐들을 나누고 즐거움을 나누고 기쁨을 나누면 된다. 그러다 보면 그들을 위해 무릎을 꿇어 잠잠히 기도할 수밖에 없게 된다.

세상과 소통하기 위해 십자가에 죽으신 예수그리스도의 고난을 경험하고 하나님의 외 사랑도 배울 것이다. 세상이 황망한 것도 더 깊이 체험 할 것이다. 고통이라는 관문을 통해 진정한 그리스도의 사랑의 의미가 무엇인가를 배우고 그 사랑에 참여하는 자로 사는 자들이 바로 선교사들이다.

21. 이제 그만해라

1993년 칼빈신대 3학년 때였다. 선교사 출신이던 교수님의 인솔로 필리핀을 방문했는데 묵묵히 그들의 이야기를 들어주고, 기도해주고, 축복해주던 경험은 선교사가 된 나에게 지금도 소중한 교훈으로 남아 있다. 1996년, 총신대학교 신대원 선교학회 회원으로 활동하면서 학회 내 회원들과 우즈베키스탄을 방문했을 때는 그분들을 만나는 그 자체만으로도 가슴이 메고 아팠다. 2003년 선교대학원 석사과정을 마치기 위한 태국 선교 여행 또한, 현장 선교에 경험 많으신 선교사 출신의 교수님이 직접 인도하셨는데 들어주고 기도해주고 보고 듣는 그 자체로 가슴이 뿌듯했었다. 여행의 피로감으로 다소 예민해진 우리들이 짧은 방문 경험으로 뭘 다 안다는 듯이 선교지의 흠을 날카롭게 비판하고 저마다 비난하는 일에 열을 올리자, 묵묵히 듣고만 계시던 인솔자 교수께서 '인제 그만 해라'라는 한마디로 우리를 조용하게 했던 기억이 새롭다.

선교지 방문은 마치 낯선 사막을 방문하듯이, 조심스러운 것이다. 특히 유럽의 선교지 현장을 방문할 때는 마음을 비우는 준비가 필요하다. 선교지는 한국교회의 문화나 방식을 가지고 있지 않은 낯선 곳이다. 현지 교회는 한국교회와 같은 구조로는 절대로 움직이지 않는다. 선교지의 선교사도 그곳에서는 외인이다.

22. 2019년의 문턱에서
(2019년 1월1일. 나의 사랑하는 교회 앞에서)

늘 같은 시간인데 새해가 되면

가슴 떨림으로 기대합니다.

인간이 할 수 없는 영역 어디선가

다가올 은총들을 기다립니다.

교회 머리 되신 주님의 형상이

속한 성도들 마음에

깊이 드러나기를 기도합니다.

이들이 사람의 힘으로 결코 이룰 수 없는

구원의 실상을 맛볼 수 있기를 소망합니다.

당신은 참으로 거룩하십니다.

거룩하신 은총의 비밀을 맛볼 수 있는

한 해 되게 하소서.

모든 얽매어 있는 것들로 부터

자유 하게 하소서. 아멘

에필로그

한국에 오기 전, 술마(글 속에서 소개됨)에게 이번 안식년엔 한국에서 책을 하나 쓰고 싶다고 말했었다.

나의 선교사역은 영웅적이지 않다. 그저 현지인들이 나를 평범한 아시아 여성으로 보듯이 나 자신도 평범한 아시아 여성으로 산다. 그런데도 어떤 면에서는 평범하다고 할 수 없다. 나에게 꽂히는 현지인들은 모두 내 기도의 대상이 되었으니까. 그들은 아시아에서 온 한 여성이 자신들을 위해 기도하고 있다는 것을 전혀 모르는 듯하면서도, 안다. "너는 하나님께서 내게 보내신 천사"라고 사심 없이 털어놓곤 한다. 이분들 때문에 "주님이 나를 그곳 꼬르도바에 보내셨다"는 믿음이 있다. 그들 한 사람, 한 사람이 하나님께서 주목하신 분들이라는 것을 배워간다. 나는 조금씩 "선교"가 이것이구나 하는 것을 배운다. 주님은 이들에게 나를 붙이셨다. 삼위 하나님께서 그분의 독생자를 이 땅에 보내셔서 자신의 존재를 알리신 그 사역은, 보내신 누군가를 통해 계속 이어질 것이다. 13년의 선교지에서 보냈던 시간은 그들 속에서 사는 것이었다. 그들 속에 예배자로 서는 것이었다. 올해 4월, "GMS멤버 케어 및 위기관리 훈련"프로그램에 참석했을 때, 선교사가 15년 차가 되면 괴물이 된다는 말에 모두 한바탕 웃었다. 맞다,

선교의 〈본질〉을 가지고 한국인이 거의 없는 스페인 꼬르도바 에서의 나의 선교 사역은 계속될 것이다. 하나님의 사랑이 〈사람〉에게 비추어진 이 기적의 사건을 나는 계속 써나가려고 한다.

최효심 연락처

hyosimchoi6212@daum.net

카카오톡 아이디 hyosimchoifebe

대한 예수교 장로회 총회(합동) 세계 선교회 GMS

gmshq@gms.kr

▲ 꼬르도바 침례교회 부녀자회 모임

▲ 술마와 세시아 주일예배

◀ 꼬르도바 침례교회 여청년들

▼롤라의 성경읽기

▲ 영어를 가르쳤던 아이들

▲꼬르도바위해 기도하는 목회자들

발행일_ 1판1쇄 2019. 8. 23.

저　자_ 백명자 이순옥 김영애 최효심

발행인_ 서영희

발행처_ 헵시바총신여동문

디자인_ 카도쉬북 www.holyi.com

주　소_ 서울시 구로구 남부순환로 105길 14 인화오벨리아 315호

전　화_ 070-7629-1663

E-mail holyhi @hanmail.net

ISBN 979-11-961100-5-5

값 15,000원